혼자 하는 공부의 정석

用大腦喜歡的方式 1人學習

韓在佑 한재우——著
陳品芳——譯

目錄

第三章 貫徹「一人學習」的五大原則

——改版序——

現在，是最適合「一人學習」的時機

我在二〇一七年時，動筆寫下本書的初版；這是在「獨學」一詞被社會廣泛使用之前的事。

比起「獨學」，獨自吃飯的「獨飯」、獨自喝酒的「獨酒」，獲得更多人的共鳴，也使得社會上開始流行許多可以獨自進行的事情。與此相對，獨自學習的「獨學」距離要成為人氣關鍵字，還有一段路要努力。

即便如此，我依然繼續寫這本書，並不是因為預期到「獨自學習」即將成畫、YouTube、網飛等娛樂開始重新建構大腦，讓學生與學習漸行漸遠。

此外，大幅減少的活動量也對學習帶來影響。人們在二〇二〇年春天開始感覺到問題的嚴重性，跟讀書學習法有關的書逐一登上暢銷排行榜，到處都在談論獨自學習。我開始參加以「新冠疫情時代的獨學」為主題的節目，四處分享相關的內容。

很多人都向我抱怨，新冠疫情的長期化使他們的讀書能力下降，而在學生中抱怨的比例又高過重考生。說這話雖然很不好意思，但我並不覺得是疫情導致讀書能力變差。雖然經濟不景氣、日常娛樂減少，讓人開心的事也少了許多，不過讀書這件事並沒有受到任何負面影響，現在，甚至可以說是最適合讀書的時期。

利用 ZOOM 進行的非面對面授課、因保持社交距離政策而受限的聚會、無法出門使得待在家的時間拉長，這一切都代表著我們擁有一段很長的時間能夠專注且不受阻礙地學習；而最好的學習法不就是「用正確的方法並盡量拉長獨自學習的時間」嗎？現在就有這樣的條件！

實際上，牛頓在大學時期將微積分系統化、用三稜鏡研究顏色、看見掉落的蘋果而想出了萬有引力，都是因為一六六四年他為了躲避鼠疫而待在鄉村的老家中，才有可能辦到的。

對正在學習的人來說，現在就是機會。只是，為了讓機會屬於自己，必須了解獨學、了解一人學習的方法。我能理解不熟悉獨學方法的人，會覺得這個時期很混亂，不過我希望各位別把這件事當成孤獨的課題。就像每個人都曾經學過騎自行車一樣，想讀書的人都一定要學過獨自學習的方法。既然學習這條路還很長，那不如盡早熟悉這個方法還比較好。我們已經騎在自行車上了，現在只能繼續踩著踏板前進。

本書出版之後，我收到許多來自讀者的信件與感謝。有學生說讀完這本書之後第一次考了全校第一；有學生說終於知道為何過去無論如何拼命讀書，成績都原地踏步；有大學生說學生時期沒上補習班也總是能保持全校第一，而這本書中完整收錄了他自己的讀書方法。其中，讓我最印象深刻的，是一位考生來信說透過這本書，驚覺原來自己一直以來都不是在學習。

雖然寫書的人是我，但完成這本書的卻是各位。因為各位藉著實踐，才驗證了這是一種不變的學習法，是能長久流傳的學習法。

現在，我希望手中捧著這本書的各位，能相信自己可以把書讀好。也希望各位能透過獨自學習，讓這份信念成真。在英文中，「獨自」是「alone」，而 alone 其實代表「all one（所有人是一體的）」的意思。換言之，當你選擇獨自一人時，我們就能將自己的一切集中在一件事情上，這樣一來就能將獨自學習的「獨學」，轉變成投入靈魂的「魂學」（譯註：在韓文中「獨學」與「魂學」發音相同。），共勉之。

編按：本書韓文原文書名直譯為《獨自學習模式》，然而，有鑑於臺灣社會風氣對於「獨自〇〇」的風潮，不如韓國顯而易見。為了更貼近臺灣讀者，全書將使用「一人學習」代替「獨自學習」一詞，亦更符合本書繁體中文版書名，欲傳達之意涵。

前言

爲什麼有些人很會讀書？

我一直很好奇：「為什麼有些人更會讀書？」

我生長在京畿道的邊陲地帶，雖然現在那裡人口逐漸增加，但仍不具備良好的讀書條件。小學時一學年只有五十人，最多編到八個班級，國中時人數則稍微多一點。一直到我高中二年級之前，搭市區公車去上課時還會在路上看見牛在耕田。當時會去私人讀書室、補習班的學生不多，教室就像家中用來種豆芽的容器那般擠得水洩不通。我們日復一日過著相同的生活，有人擅長讀書，也有人不擅長讀書；但我總是很好奇，為什麼有些人更會讀書？

進到大學之後，我感到更好奇了。

補習班，網路課程、設備良好的讀書室、分享資訊的網路社團、讀書會等，幫助學習的基礎設施如雨後春筍般出現，在害怕落後的恐懼驅使之下，如洪水般湧現的各項設施令許多人暈頭轉向，但我的大學同學卻大多不為所動。是因為他們從國中、高中開始，就一直是「不花錢」讀書的人嗎？就像考出全國第一的學生在訪問裡說「以教科書為主，充實學校課業」一樣，在大學裡遇到的「擅長讀書的人」之所以能拿到好成績，都與這些讀書的基礎設施無關。

看著他們，我感到更好奇：為什麼有些人更會讀書？

大學畢業後開始社會生活，我的疑問仍沒有獲得解決。投入職場之後，閒暇時間大幅縮減。大家都口口聲聲說要提升自我能力，卻沒有時間學習，人人紛紛感嘆「還是當學生好」。不過，即便如此仍有人能學習新東西。有些人能撥出指甲般的零碎時間學習，並用這樣累積起來的學習改變自己的人生。看著他們，我覺得很好奇：為什麼有些人更會讀書？

學習就像騎自行車，找到訣竅就永遠忘不了

這個問題困擾我很久，而我也很好奇它的答案。幸好，我身邊有能讓我找到答案的三個寶箱。

第一是在大學遇見的人。

我很幸運，與非常會讀書的人一起度過大學生活。身邊盡是能輕鬆在全國排上名次，或考取各縣市第一、二名的「學習之神」。還記得大一迎新酒會上，大我們兩個學年的學長姐半開玩笑地說：「你們以後別再提高中時的事了，這裡有誰不是全校第一？」我看了看身邊的人，跟他們分享究竟該如何讀書，並在過程中學到不少訣竅。然後也發現，擅長讀書的人在讀書、生活、精神管理的方法上，都有一些共通之處。

第二是透過書本得到的知識。

大學時我最喜歡獨自在中央圖書館閱讀，雖沒有特別的讀書計畫，但我仍

然會準時到圖書館報到。回想當時，我心中一直抱持著一個很大的疑問。我認為無論讀哪個領域的書，最後總是會連結到同一件事，那就是「該怎麼樣才可以讓我變得更好」。而把書讀好這件事也包括在內，所以不光是人文學，經營管理、冥想、心理學、腦科學、宗教學等領域我都有所涉略，這些完全不相干的知識當中所藏的提示，其實都指著同一個方向。

第三是我自己的失敗經驗。

其實二十多歲的我曾經十分徬徨，尤其從「主修科目」的角度來看更是如此。我什麼都不懂，所以曾經在期末考時交白卷，也曾因為不去上課而被學校警告。我就這麼度過大學生活以及大學畢業後的幾年，一直要等到退伍後約莫三十一歲左右，我才再次「振作起來」回歸類似普通人生活。那段徬徨的時間並不算短，不過二十多歲時「失敗」後再站起來的經驗，讓我得到不少收穫。我了解何謂挫折、了解何謂不想讀書的心、了解何謂低潮，也了解到我們之所以沒辦法把特定的一件事情做好，其實取決於我們的行為。我的一位恩師曾說：「這是很好的經驗，因為你親身經歷過，所以感受更加深刻。」

以上是屬於我的寶箱。現在，我只要有空就會看看這些箱子，尋找「為什麼有些人更會讀書」的答案。

起初我認為答案是「天生的」，但那是錯的。雖然有人天生「資質」就好，但「資質」並非不變，更不是「天生的」。就好像身體肌肉要多用才會越來越發達，否則只會逐漸萎縮，好的「資質」只是人們認真學習的結果而已。

接著，我想的是「學習量」。學習量非常重要，而賦予學習的動機以確保學習分量充足這點，也很重要。所以開始學習之前，我會寫一天只要閱讀一頁的《三六五學習維他命》。不過這仍然不夠。有些正在讀書學習的人會辯稱：「一整天都在學習，但還是考不好」。事實上單就學習量來看，完全無法說明為什麼有些人就是比較會讀書，學習量其實只能解答這個問題的一半。

之後某一天，我在瑞典心理學家安德斯．艾瑞克森（Anders Ericsson）以音樂學院學生為對象所做的研究當中，找到了提示。當學生們被問到哪些活動與提升實力息息相關時，所有演奏樂器的學生都給出了相同的答案，那就是「獨自練習」。「獨自練習很重要」，因此從這時起我便開始思考，也漸漸覺得一切豁然開朗。

就像騎自行車一樣，那些我們雖然知道訣竅，但卻很難用言語說明的學習方法、我透過經驗掌握的學習方法，以及我所遇見的「學習之神」們使用的學習方法核心就在此！即使聽了知名講師的課程、嘗試複雜的學習法、絲毫不錯過任何最新資訊、花大錢投資課業，我們依然無法把書讀好的原因，就在於學習「必須靠自己」。

沒錯，要一人學習實力才會進步。我是這樣，我見證的「學習之神」也是這樣，大家都盡量花時間自己學習。我與朋友的經驗、知名人士的成功案例、心理學與管理學的研究，從兩千五百年前孔子與釋迦牟尼的教誨到最新的腦科學研究，所有資料都在訴說著同一個方法。當那個方法越明確，我就越清楚知道為何一人學習，才是解答。

「為什麼有些人更會讀書？」從第一次思考這個問題的高中時期至今，我花費二十年所找到的答案，就是：「因為這些人花很多時間，用正確的方法自己『一個人』學習。」

人們對於花費許多努力學習，實力卻沒有進步感到痛苦。這是必然的結果。許多人汲汲營營地花一整天上課、註冊更昂貴的補習班、追逐他人的讀書祕訣，卻因為不知道該如何讀書而大嘆：「再也受不了了，可能是我資質不夠好」。不過，之所以做了這麼多努力仍不見起色，並不是因為資質不好，而是因為「做很多努力」的方法錯了。

我們需要的不是整天上課，也不是註冊昂貴的補習班，更不是追逐他人的讀書祕訣，而是坐在位置上一人學習，換言之，要朝用正確的方法增加一人學習的時間這個方向，傾注「更多努力」才對。

終生受用的「一人學習」技能

現在，我們必須改變學習的方式。盡量減少在外活動的機會，立刻坐在位置上增加自己一個人的學習時間。對學生、考生、應試者、準就業者、家長等所有（必須）讀書的人來說，一人學習就是解答。原因如下：

第一，這樣的確能把書讀好。大腦儲存記憶時，會遵循一定的程序。如果不按照程序，無論如何努力，知識也不會進入腦袋。若想正確遵循程序學習，就必須一人學習。因為從腦科學的角度來看，一人學習是最有效率的學習法。

第二，縮短時間。對學習的人來說，與提升實力習習相關的重要活動就是自己一個人的學習。能最快提升實力的方法，就是盡快完成自己該學的東西。一人學習花費的時間將比過去更少，但卻能學到更多的內容。

第三，不花錢。學習相關的基礎設施越來越多，花費在學習上的費用也水漲船高。如果有人因為這樣，而認為沒有錢就無法學習的話，那實在是大可不必。一人學習不花錢，只要有書跟書桌，想讀多少就讀多少。

第四，沒有一起學習的人也沒關係，要記得學習原本就是自己一個人做的事。就像「獨飯」、「獨酒」等流行語一樣，這個時代無論獨自做什麼都很自然。很多人其實也想一個人學習，但卻因為孤單或不安而無法這麼做。別擔心，學習本來就是自己一個人做的事，也要自己一個人才能學得好。如果沒有一起學習的人，那反而可以把這當成開始一人學習的好機會。

本書是為了學生、上班族、家長等一人學習的所有人而寫。該怎麼學習（學習的原則）；該如何管理習慣飲食、睡眠、時間、規律等日常生活（生活管理）；該如何因應獨自學習時容易面臨「信心崩潰」的問題（精神管理），以及為何腦科學認為人人都能讀好書（自我信賴、學習原理）等，都是這本書的主要內容。

我將在主持鼓勵學習的 Podcast〈首爾大生如何讀書〉、參加教職員職務研修「生涯中最好的學習」，以及透過各式各樣的講座管道蒐集到的問題與煩惱，一起放入這本書中。雖然是一本關於一個人學習的書，但只要熟悉了這些方法，就能完全掌握增加一人學習時間的技巧。

為了尋找「為什麼有些人更會讀書」這個問題的答案，我開啟了所有的寶箱，從中領悟到相同的方法，而我認為那就是「讀好書的固定方式」，而這個模式，就是「一人學習」！真心希望能透過這本書，讓所有在學習的人掌握固定的模式，這樣一來學習便不再是困難、令人痛苦的事了。

第一章

「相信自己」就是奇蹟的開始

你相信自己嗎？

開始前，我要請一人學習的所有人，都一定要先「相信自己」。相信自己的時候，就會產生「讓我來試試看吧！」的想法，當這樣的想法與學習相遇之後，就會同時領悟到「我也真的做得到」。而這種成功經驗就是學習的樂趣，感覺到樂趣之後便會更投入學習，這樣自然越學越好；這也是為什麼相信自己就是一人學習的起點。所幸，學習真的是人人都能做好的事。這不是為了讓人懷抱希望而做的無謂加油，而是真相就是如此。這一章將會提供證明。

首先，我將以身邊廣為人知的奇蹟為例，奇蹟的主角都跟我們一樣是平凡人。這些人並不突出，但卻能創造驚人的奇蹟，並不是因為他們有適合學習的「優秀資質」，也沒有天生的才能。事實上，過去對「資質」的想法是錯的，實力的差異並不在資質，而取決於從事多少能提升實力的活動，而那項活動正是「一人學習」。

在此，我們將深入了解心理學家安德斯・艾瑞克森的實驗，以及「一萬小時的法則」，還有許多人創造偉大成果的事蹟。以「量造就質」的事實為基礎，掌握提升品質的正確學習法之後，就能明白為何必須增加自己一個人的學習時間了。

受到新冠肺炎的影響，無法實際見面的視訊授課成為我們的日常，也因而人們對自我的信賴出現極大的差異，為什麼呢？因為過去在學校「強迫」下僅維持最低學習量的人，會因此導致學習量消失，進而使得對自我的信賴完全不見。與此相對，將獨自一人的時間當成機會，積極地增加學習量，便能使我們短時間內產生自我信賴。若能了解對自己的信賴，就是源自於一人學習的分量，就會明白這段時期，首先該做的事情究竟是什麼了。

從倒數第三到前三名

這是我家教學生的故事。他是一位國中三年級的男學生，我負責教他英語和數學。第一天上課時我去他家，卻感覺有點奇怪。通常家教第一天都是這樣的：學生的母親在客廳，餐桌上有切好的水果，正式開始上課之前，母親會叮囑家教老師一些事情。例如：「孩子很聰明，但就是不夠有毅力，請教教他學習的方法。」

但那次只有學生一個人在家，明明是上課第一天。雖然這情況有點陌生，但我仍若無其事地開始上課。首先我問：「你成績有多好？」結果這位學生回我：「不怎麼好。」其實「不怎麼好」這句話，對於掌握學生實力這點毫無幫助，因為可以推測的成績落點範圍實在太大了。依照過去的經驗來看，他有可能成績很好，只是因為謙虛所以回答「沒有特別好」；也可能成績真的很不好，但實在不好意思說出「我真的成績超爛」，所以才閃爍其詞，可能性真的太多了。

我請他把英文與數學課本拿來。我先翻開數學課本，並用手指指出學校目前的進度，選了一個不簡單也不困難，難易度適中的問題。我對他說：「你先試著解題看看吧！」接著他的鉛筆開始在習作上飛舞起來，不過我仔細一看發現，他的筆根本只是一直在原地畫圈打轉。對數學有自信的人，根本不可能這樣寫字。有自信的人會輕鬆寫出算式，且算式會越來越短，最後得出答案。鉛筆一直在原地打轉，就是代表他數學不好。我想至少這名學生不屬於第一個情況，也就是他不是那種明明很會讀書，卻因為謙虛而說自己不太好的人。

接著翻開英文課本，我指了一段課文請他解釋給我聽。果然不出我所料，他同樣是支支吾吾，聲音忽大忽小。我們之間稍微沉默了一下，接著我露出微笑，用溫柔且不帶任何責備意圖的語氣跟他說：「你真的不懂對吧？」學生老實回答說「對」，接著像放下重擔一樣，吐了一大口氣。

我點頭說沒關係，接著開始問他許多問題：「這個你懂嗎？那個你懂嗎？」每個問題他都搖頭。每次問他課文、單字跟文法時，學生的頭就會像鐘擺一樣晃個不停。即使問題越來越簡單，他仍然一直說不會，於是我問：「你能不能說說看主詞－所有詞－受詞是哪些？」答案是 I － my － me － mine，沒想到學生竟畏畏縮縮地，費了好大一番力氣才答出來。怪了，人稱代名詞是我們剛開始學英文時最先學到的內容不是嗎？國三的學生，怎麼會連這都不懂？這時我才確信，很不幸地，這名學生的「不怎麼好」是「我真的很不會讀書」的意思。

後來我才發現，他的父母親都是生意人，因為工作忙碌的關係，從小就幾乎沒花時間在他身上。這也是為什麼家教第一天，只有學生自己一個人在家的緣故。

了解學生的情況之後，我請他拿成績單過來。所有的科目都是三、四十分。排名班上第三，當然是倒數第三。不過我覺得這位學生的問題，並不只是基礎不好，而是有更嚴重的問題。都到了國中三年級，還沒有真正考過一次好成績，所以他根本不覺得「我也做得到」。就像有生以來一直被困在養雞場裡，從來不知道自己能飛的雞一樣。

於是我說：「看來你還完全不知道書究竟該怎麼讀。現在該著急的不是英文、數學這些科目，而是學習的姿態。我會教你怎麼學習，你要照我說的試試看嗎？只要你照我說的做，我就不會出任何作業。」

瞬間，學生的眼神亮了起來，不會出作業這個條件讓他非常高興。過去一直跟作業搏鬥，肯定讓他疲憊不堪。他看起來對「學習的方法」很有興趣，我也覺得這有希望。接著學生點了點頭。

「我也做得到」的學習法

「現在開始我要告訴你學習的方法，接下來，你只要做兩件事就好。

第一個原則，學校上課時間好好聽老師講課。

第二個原則，複習上課時間學的內容。

做好這兩件事就好，不過你必須『完全』照我以下說的去做。

例如：假設你現在在上韓國史，第一個原則，上課時間要好好聽老師講課。筆記要好好做，老師要你畫線、畫星都要照做。就算是數學或英文這些不懂的科目，就算是你討厭的科目，也絕對不能胡思亂想或是分心。就算不懂也要聽、要抄、要看，這就是我說的，上課時間好好聽老師講課。

接著第二個原則，複習。下課之後，其他人一打鐘就會把書闔上起身離開吧？你絕對不能這麼做，你必須當場做第一次複習。通常一堂課是五十分鐘，而五十分鐘的進度頂多就是課本的幾頁而已，但我不是要你一直讀那幾頁、把那幾頁背下來，而是要像讀小說一樣讀一遍。裡面都是你才剛聽完解說的內容，應該不會很困難，花不到你五分鐘。接著再去洗手間或是要聊天都可以，如果真的沒辦法利用下課時間做這些事，那也可以改用午餐時間。總之，第一次複習就要這樣做。

這樣一天結束了對吧？接著你把當天上課的課本、筆記全部拿出來放在旁邊，然後再讀一次。也不需要給自己太大壓力，就像讀小說一樣一直讀就是了。這是第二次複習，每天晚上都要複習當天的上課內容。

最後是到了週末，就必須拿出所有的課本跟筆記，重新閱讀當週教的全部頁數。這是第三次複習。英文要發出聲音來讀課文，數學則盡你所能解題就好。這三次複習都要做到，就是第二個原則，你可以嗎？」

「我也做得到」的學習法

學習原則

第一個原則：上課時間認真聽老師講課！

第二個原則：複習學過的內容！

複習原則

- 第一次複習：上完課後立刻，利用休息時間。
- 第二次複習：每天晚上，複習當天上過的科目。
- 第三次複習：週末，所有科目。

學生答應要照我說的去做。後來，家教課一點也不辛苦，我們週末上課，只是確認他有沒有照我說的做而已。就這樣過了三個月，接近學校期末考的時間了。考試期間，我打電話問他考得怎麼樣，學生回我說「考得很好」。聲音聽起來很有自信，倒數第三名的學生說話聲音竟大聲且開朗，差點讓我噗哧笑了出來。

考試結束後又過了兩週，成績單出來了，結果如何呢？這位同學考了第三名，這次是真的第三名，是從前面數來第三名。究竟拿了幾分，竟然會是第三名？英文和數學的分數和過去沒有太大差異，不過其他的科目，其他的所有科目都在九十分左右。我驚訝地問他究竟是怎麼回事，怎麼會突然考得這麼好。學生的表情卻意外平靜，然後他說：「到了考試之前我把課本打開，發現老師說了什麼我都記得。」

準備考試的學生，通常會為了讀書把課本打開，卻對內容感到非常陌生，幾乎不記得之前學過的內容。學生們抱著課本，內心忐忑不安、內容全都記不起來，花費在讀書上的時間比原本預期的還多，導致最後無法戰勝壓力而跑去玩手機或離開座位。這名學生過去也是這樣，但這次不同了。

準備考試期間他翻開教科書，發現內容全都記得。書上寫的字、標示重點的地方全都非常熟悉。當他正式開始讀書後，課本上的內容便會開始進入腦袋，接著突然覺得「我也做得到」。**學習速度變快了，人自然就會產生野心，會把教科書背下來、解習題，也會願意多看一次寫錯的問題**。考試前的學生就是這樣讀書的，也因為這樣，所以才會以平均九十分的成績拿下全班第三。不過三個月，倒數第三的學生就成了全班第三；而讓這名學生改變的，就是「我也做得到」這一個想法。

我們也能成為奇蹟嗎？

只花三個月，全班倒數第三名就能成為全班第三名，人們都會認為這是奇蹟。或許會認為這名學生原本就很聰明，或是這是極為罕見的例外，不過我的想法不太一樣。第一次看到這名學生時，我完全不覺得他非常有潛力。他只是個不知道該怎麼讀書的普通國中生。要說有哪裡不一樣，那只有一個，就是他真的實踐了我說的方法。

如果說這種成就，可以稱為奇蹟，那麼我身邊就有很多奇蹟的主角。

高中時有個朋友原本的成績在班上中段，到了二年級之後他開始認真讀書，最後考上自己理想的大學；還有人是到了高中三年級的春天才開始認真讀書，直到八個月後入學考試當天，分數整整提高了六十分。我認識的人當中，也有高職畢業卻只靠大考成績擠進知名大學的人，甚至有一直到高中一年級都在準備考體育大學，後來志願轉向文組大學，最後考進首爾大學法律系的人。

我現在立刻能想到的身邊例子就有這些。無論是新聞曾報導過的例子，還是那些大學錄取紀錄當中刻意蒐集來的例子，會發現奇蹟的主角其實非常多。大家身邊應該都有這種人吧？成績突然飆升、意外通過某個考試、實力不斷進步並快速升遷……，大家應該多少都認識一、兩個這樣的人。那些讓人覺得「哇，能像他這樣真好」的奇蹟主角，並不是遠在天邊遙不可及的存在，這樣的人其實很多，而且就在我們身邊。

那麼，我們也可以變成那樣嗎？該怎麼做才會變成那樣？

第一個問題的答案是「可以」。每個人都可以變成那樣。無論目標是提升成績、考進大學、通過特定的考試、提升工作能力都可以，只要你想學習什麼，讓自己更加精進，那就人人都可以。現在沒有信心也沒關係，只要讀完這本書剩下的部分，你就會知道人人都可以，也會知道這種事情將不再是奇蹟。

第二，該怎麼做才能變成那樣？這個問題的答案，其實就在前面那個國中生的故事中。全班倒數第三名的學生，是怎麼在三個月內成為真正的全班第三名？一個就連寫作業都嫌煩、毫無學習動力的學生，怎麼能在沒有人督促之下，擁有與課本、習作、寫錯的問題奮戰到最後一刻的「學習姿態」？**答案就在於領悟「我也做得到。」**

翻開書就想起書中的內容、感覺書中的內容實際讀進自己的腦袋裡，這會讓學生領悟：「我也做得到。」而這樣的領悟正是成就的核心。在我們感覺自己能做到時便會非常專注，而透過那樣的專注，就能順利完成眼前的事情。累積成功經驗，我們就會成為不同的人，這時身邊的人都會認為我們是奇蹟的主角。由此可見，每個奇蹟的主角，都是從這一點「我也做得到」開始的。

學習之所以無趣，是不懂得一人學習

知道自己能做到，這叫做「後設認知」；善於學習的核心力量，就在於知道自己能做到。必須知道自己做得到，才會感覺到有趣，也才會更認真去做。不光是學習，這也是所有成就的共通祕訣。

試想一下你打算瘦身，一個要瘦身的人會在什麼時後感受到樂趣？發現穿很久的牛仔褲變鬆了的時候、跟任何人見面都被說「你是不是瘦了？」的時候，這時會非常開心，也會更下定決心認真運動。學習也是一樣，發現自己能做到時便會覺得有趣，感到有趣後便會更認真。

其實真相就藏在「趣味」這二字中。「趣味」原本是來自「滋味」，滋味的「滋」是「滋長的滋」，也就是增加的意思；而味則是「味道的味」，在逐漸成長時所感受到的滋味，那就是趣味。**有些人希望能從學習中獲得樂趣，刻**

意去上能讓學生哄堂大笑的講師的課，或是去找畫成漫畫的入門書來讀，但這些都是放錯重點。真正的樂趣，在於個人實力提升時，也就是感受到「做得到」時才能夠品嘗得到。換言之，「實力必須提升，才會感覺到樂趣」。

那麼，該怎麼做才能感覺到「我也做得到」呢？這其實是在問該如何把書讀好。過去，去上補習班、上網路課程、試過各式各樣的學習方法，為何還是沒有「我做得到」的自信呢？這是在問為什麼書讀不好。這兩個問題是一樣的。把書讀好的方法，跟書讀不好的理由是一體兩面的銅板，答案就在這裡：「一人學習」。我們必須自己一個人學習，否則絕對無法把書讀好。為什麼？這在本書中將會反覆出現，我們先在這裡簡單看一下吧！非常粗略地說，所謂的學習可以分成以下三個階段：

一、閱讀。

二、背誦。

三、確認是否記住。

「做得到」的感覺，會在達到階段三時出現。這裡的階段一到三，全部都必須靠自己的力量才能完成。好的參考書、知名的課程、智慧學習工具都不是學習，只是輔助階段一到三的工具而已。就像即使我們能拉著馬到水邊，但喝水這件事還是必須取決於馬一樣，階段一到三都是只能靠自己完成的學習過程。

然而，人們卻總避免一個人學習。其實只要自己坐在位置上閱讀、背誦、確認就好，但人們卻不做這件事。反而不斷尋找更好的書、更好的課程，以求能將要學的內容塞進腦袋。這就好像在河邊四處尋找更好的杯子，希望能徹底緩解自己的乾渴一樣。也因此雖然長時間待在河邊，但卻仍不知道解除乾渴的方法。解答很簡單，就是

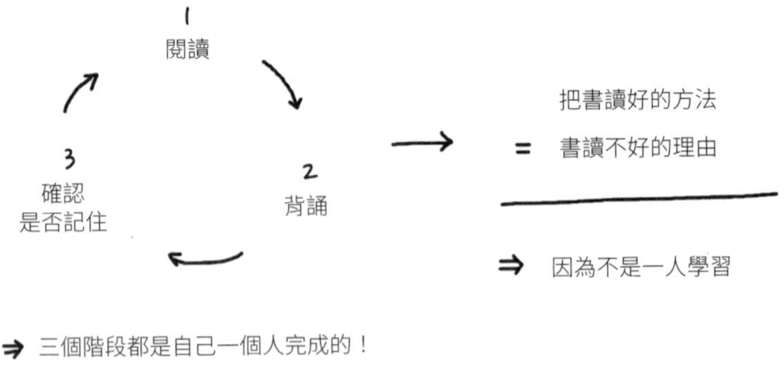
1
閱讀
2
背誦
3
確認
是否記住
把書讀好的方法
= 書讀不好的理由
⇒ 因為不是一人學習
⇒ 三個階段都是自己一個人完成的！

學習，是三個階段的循環

立刻坐下來咕嚕咕嚕地喝水即可。

立刻把書打開閱讀、背誦、確認，這是一個可以獨自完成的過程，即使沒有好杯子也能馬上喝到水。一旦體驗了這個過程，就會非常確信自己知道該如何緩解乾渴，會產生「做得到」的感覺。有好杯子固然很好，但杯子本身並不是水。如果想讀好書，那麼無論從什麼時候開始，都必須獨自一人學習。

打造迪士尼樂園的事業家華特·迪士尼（Walt Disney）曾說：「對掌握實現夢想祕訣的人來說，沒有什麼是不能征服的。這個祕訣可以濃縮成4C：好奇心（Curiosity）、自信（Confidence）、一致性（Constancy）以及勇氣（Courage）。其中最重要的就是自信。」

一人學習時、產生「我也做得到」的感覺時，在學習過程中就沒有什麼是不能征服的。如此一來，人人都能成為奇蹟的主角。

「天資聰穎」中隱藏的祕密

韓文中有句話叫「片餉證驗」。這裡的「餉」是指遠行時帶在身上方便食用的乾糧，類似乾麵包或是鍋巴等，「片」則是碎片的意思，而「證驗」則是「成為證據的經驗」。因此片餉證驗這句話，可以解釋成為「彷彿親自嘗過一片乾鍋巴一樣的經驗」。片餉證驗，這個詞出自傳授呼吸與冥想法的韓文古書《龍虎泌訣》。

第一次嘗試冥想的人，通常都不太清楚究竟該做什麼、該怎麼做。看到冥想只是靜靜坐著呼吸的樣子，便覺得無趣且累人，每個人都不例外。不過教導冥想的人卻說，初學者本就如此，並建議他們即使不順利也應該繼續嘗試下去。於是你帶著「應該真的有點什麼吧」的心情繼續試下去，接著會在突然之間遇到讓你吃驚的時刻。無論是心情變得平靜還是腦袋變得清楚，那都會是有點特別的經驗。在那一瞬間，你會覺得這似乎「還不錯」，然後稍稍感覺到冥想的樂趣，真的只有稍微一點點的樂趣，而這樣一小片的樂趣，就是直接品嘗一片乾鍋巴的時刻。《龍虎泌訣》中提到，必須品嘗到這樣的樂趣，修練才會有趣；這就是片餉證驗的道理。

學習也一樣，一開始肯定摸不著頭緒，會懷疑「這樣做真的可以嗎？」而一般人在這時通常會想，原來這就是學習，然後繼續默默地做下去。接著突然有一天，會發生一些讓你驚呼的事情。無論是突然記起課文內容了，還是突然會解題了，你都會在那一瞬間突然感覺到「原來真的可以」。而這就是片餉證驗。從那時開始，你會對自己的學習方法產生信心。古書裡說的片餉證驗，就是「學習的初始」。但問題在於產生這種「做得到」的感覺之前，需要花費較多的時間。

現在，我們都知道只要開始一人學習，人人都能把書讀好；不過如果只是嘴巴上說知道，卻不打從心底相信這件事，那也是沒有用的。

美國演員威爾．史密斯（Will Smith）曾在一個電視脫口秀節目上說道：

「認為做得到跟做不到，兩種想法都對。」為什麼完全相反的兩種想法都正確呢？因為如果認為自己做得到，這份自信便會產生實際能做到的能力；相反地，若認為自己做不到，則會因為意志消沉而使能力消失。

因此，一人學習者如果懷疑自己，抱持「我真的沒辦法相信，我真的做得到嗎」的想法，便很難體驗「做得到」的感覺，因為他們根本沒有好好試過，也因此我才會認為應該先告訴各位，其實每個人都能把書讀好。這裡有很多「做得到」的證據，**想要做好一人學習，就是從真心相信下面這句話開始：「學習是人人都能做好的一件事。」**

沒有人天生適合學習

學習是人人都能做好的一件事。尤其這裡所說的學習，並不是類似「在歷史上留名」的豐功偉業，也不是明確的「大考滿分、全國首席」這種頭銜。如果這裡的學習指得是考上理想的大學、考取證照、通過升遷考試、累積人文素養等，那的確是每個人都能做好的事。不過，能百分之百同意這句話的人應該不多。我想肯定會有人認為「認真的確就會進步，不過……」，這些人深信世界上就是有無法超越的界線，或是有程度好到自己追不上的人存在。人們都認為每個人天生的才能本來就不一樣，會認為每個人都有其極限與不同之處，且會用兩個字來概括這種先天的差異：「資質」。

人們經常把「資質」兩個字掛在嘴邊。我時常聽到別人說「那個人天資聰穎，但我很平凡」、「這孩子資質很好，但就是不努力」、「要是我也像他一樣天資聰穎該多好……」之類的話。我在提供學業諮詢的過程中，驚訝地發現人們是多麼迷信名為「資質」的神話。人們認為要有好成績就要有好腦袋，而且「資質」至關重要。即使有些人刻意不用「資質好、資質不好」這種說法，但他們心中其實也抱持相同的看法。

在此，我將一般人對「資質」的看法整理如下：

一、有些人天資聰穎。

二、有些人資質沒那麼好，或是比較普通。

三、前兩者都是父母遺傳，不然就是小時候就決定了。

四、所以一和二都是固定的，不會改變。

五、能不能成為擅長學習的人，受到一和二這兩個條件的高度影響。

實際上，人們認為的「資質」，其實就像電腦的「規格」。電腦的運算速度與儲存容量是固定的，規格較差的電腦，玩遊戲或上網的速度就較慢，也無法裝太多類似影音檔案之類的資料，若不加額外的配備，那麼基本規格通常不會改變。人的腦袋也一樣，規格要好才能把書讀好，是好是壞原本就決定好了，很難改變，這就是「天生的腦袋」的神話。

為此，在介紹一人學習法之前，為什麼要先從理解「資質」神話有誤開始。原因非常簡單，因為錯誤的神話對學習沒有任何幫助。若只是沒有幫助那倒還好，事實上人們對這個神話的認知，甚至會對學習造成危害。因為除了少數認為自己運氣好、天資聰穎的人之外，大部分的人都認為自己沒有才能、做不到。這樣的認知會使一個擁有足夠力量，能將固定在地上的木樁拔起的人，在一開始就放棄努力，就像頭被拴住的大象，一樣明明能做得更好卻畫地自限。所以無論你一直以來抱持怎樣的想法，現在應該都能明白，沒有所謂「天生的資質」這件事。

國際知名的心理學家安德斯．艾瑞克森，就曾透過實驗讓我們知道人的潛力有多麼驚人。而我們也能透過這個研究中的幾個要點，找到「為何必須一人學習」的強力證據。

與才能無關，都是練習的結果

無論在哪個領域，成功通常需要兩個要件：「才能」與「努力」。才能是先天的，而努力是後天的。當你認為自己在特定領域成功機率較低時，讓你做出判斷的重要依據就是才能不足。若同樣的情況放到學習這件事上來看，人們便會認為是「資質不夠好」導致學習效果不佳。

一九九〇年代安德斯．艾瑞克森主導的研究團隊，曾經在德國柏林進行一個證明何謂「才能」的研究。他慎重地挑選了非常重視才能的領域，最後從各項藝術當中選了「音樂」。因為一個人在音樂與運動領域能否成功，都被認為與天生的才能息息相關。

　由藝術學院、建築學院、設計學院、音樂學院等四個單科學院組成的柏林藝術綜合學院，當時共有三千六百位學生。其中音樂學院的課程內容與學生水準，皆獲得各界的高度評價。這所學校不斷培養出足以代表德國的音樂家，在校生未來也大多會成為具國際水準的音樂家。也就是說，柏林藝術綜合學院擁有最適合進行才能研究的環境。

　研究團隊首先請教授選出有機會成為全球知名演奏家的學生，他們都是未來將成為超級巨星的頂尖演奏家。接著再選出雖不到頂尖程度，但仍能夠

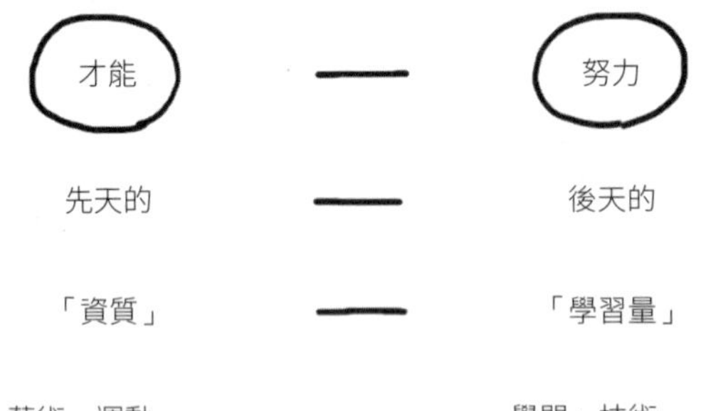

成功所需的兩個要件

成為職業演奏家的優秀學生。最後，學校裡有一個班級，學生的目標不是演奏家，而是成為學校音樂老師，研究團隊也將他們納入研究對象當中。接著研究團隊仔細調查了這群學生的學業成績、大賽經歷、術科分數等資料，以確認教授的眼光是否準確。完成調查後，研究團隊將學生的實力分為最優秀、優秀與普通三個等級。

接下來要做的事情，就是調查學生在學習音樂的過程中所做的一切。包括課程分量、練習時間、生活模式、音樂經歷等，是資料極為龐大的「一切」。報告中密密麻麻地列出許多項目，其中包括學生的睡眠、飲食、課程、輔導、音樂成就等，團隊請學生以十五分鐘為單位，記錄自己每天做的事。經過一段時間的蒐集之後，團隊終於發現其中的共通之處。

第一個共通點，是三組人開始演奏樂器的年齡都是八歲左右，到了十五歲時決心走上音樂之路。沒有特別早開始的學生，也沒有人一看到樂器就彷彿有電流流過全身一般，感應到「這是我的天職」，這部分和韓國的一般學生很類似。韓國也是在八歲左右進小學，十五歲左右開始讓學生選擇進入一般高中，還是進入以觀光、料理、動畫等特殊專長的高中。

第二個共通點是三組人每週都會花五十一個小時，在學校課程、輔導等音樂相關的正式活動上。這部分也跟韓國學生類似：計算學校課程、下課後寫作業、補習班或自習等與學習有關的活動時間，會發現大多數學生花費的時間都差不多。

然而，這裡有個問題。既然開始的時機差不多、從事音樂活動的時間長度也類似，但實力卻有明顯的差異，這不就是才能的差異嗎？在此我要提出一件很重要的事，那就是學生其實都非常清楚，什麼活動與提升實力息息相關。那個活動就是「一個人練習」。

大家都知道必須自己一個人練習，實力才會提升，不過真正能做到的學生並不多。為什麼呢？因為自己一個人練習非常寂寞。沒錯，每個人都想擁有充滿彈性的曼妙身材，而不是鬆垮的腹部贅肉，也知道要達到這個目標最重要的事情就是少吃和多運動，不過真正能付諸實行的人並不多。因為每天花九十分鐘在健身房揮汗如雨下、戒掉炸雞啤酒，晚餐改吃水煮的雞肉和紅蘿蔔，是一件很痛苦的事情。

自己一個人練習就是這種「痛苦卻能提升實力的活動」，而這三組人投資在這上面的時間截然不同。最優秀組與優秀組一星期會花二十四小時獨自練習，而普通組則只花九小時。每天的練習時間點也造就了差異。最優秀組與優秀組會在上午或剛過中午練習，而普通組則幾乎要到了傍晚才會開始練習。也就是說，最優秀組與優秀組會在最能專注的時間練習，而普通組則是在已經因為其他活動而疲憊不堪時，才會拖著步伐去練習。所有學生都知道自己一個人練習是提升實力的重點，但卻仍有執行上的差異，就表示部分學生決定要多練習一點，而這些學生的實力的確更為出色。

而這裡又有另外一個問題。就當作普通組較少自己一個人練習，導致實力較差好了。可是最優秀組與優秀組的練習時間也一樣，那兩者之間應該就是才能的差異了吧？

研究團隊仔細翻找龐大的資料後，終於找出了答案。其中的祕密在於學生的經歷。

研究團隊請每位學生寫下開始學樂器之後，每一個星期的練習時間。演奏樂器的學生通常都會寫「幾歲的時候、一星期上幾天的輔導課、一天練習時間有多少」，團隊便以這份資料為基礎，計算至今為止的練習時間，結果發現一個明確的答案。那就是截至十八歲為止的累積練習時間，最優秀組為七千四百一十小時，而優秀組為五千三百一十小時，一般組則是三千四百二十小時。由此可見，投資在練習上的時間，的確與實力息息相關，資料也顯示最優秀組與優秀組之間，在累積練習時間上有明顯的差異。最後研究團隊做出這樣的結論：

「**一切都是練習的結果**。普通組當中，沒有一個人的練習時間跟最優秀組一樣，也沒有人練習時間只是普通組的水準，卻幸運地進入最優秀組。我們為了尋找『才能』而開始這個研究，最後**發現除了練習量的差距之外，並沒有任何才能的蹤跡。即便真有才能的存在，那它所扮演的角色也比人們想像的更加薄弱**。」

在人們認為最看重天生才能的音樂領域，都得出這樣的結果，那麼只是閱讀、背誦、解答或說明問題的課業學習，又如何呢？若將安德斯・艾利克森的結論中的「才能」換成「資質」，那真相就很明顯了。

「**一切都是學習分量的結果**。普通組當中，沒有一個人的學習分量跟最優秀組一樣，也沒有人學習分量只是普通組的水準，卻幸運地進入最優秀組。我們為了尋找天生的『資質』而開始這個研究，最後發現除了學習分量的差距之外，並沒有任何資質的蹤跡。即便真有資質的存在，那它所扮演的角色也比人們想像的更加薄弱。」

我們或許曾經看著坐在同一間教室裡的朋友，想著他「天資聰穎」所以才很會讀書。學校課程、補習班、自習，在眼睛能看見的學習時間裡，兩人做的事都差不多，所以我們會認為，是資質的差異造就了成績差距。不過成績好的祕訣其實不在資質。如果朋友和你度過一模一樣的學生時期，但學習成績卻比你好，就表示他獨自學習的時間很長。如果你們獨自學習的時間也差不多，卻仍有難以追趕上的實力差異，那就是那位朋友一直以來累積的學習時間很多。

這明確告訴我們一件事：那就是沒有任何一個人可以不學習就得到好成

績；反過來說，只要學習，人人都能把書讀好。只要依照對的方法去做，那麼人人都能把書讀好。這裡所說的「對的方法」，是指能提升實力的學習方法。柏林音樂學院所有學生共同選擇的活動、直接影響實力進步的活動，及用數據證實「累積時間與實力成正比」的活動，那就是自己一個人練習、學習。

為什麼要一人學習，還有比這更具說服力的答案嗎？

一人學習鍛鍊「思考肌肉」，就會變聰明

我有個長得很帥的大學同學，就職第一年便成為公司宣傳手冊的廣告模特兒，在探訪公司的電視節目預告當中，還獲得了一個單獨的鏡頭。他在鄉下長大，從小就過著自在玩樂的生活，所以也很擅長運動，曾經帶領法學院籃球隊在體育大賽上獲得冠軍，過著人人稱羨的人生。這樣的他有許多優點，其中讓他在大學時期鶴立雞群的優點就是聰明。

就算不特別去提他大學入學考試考了榜首，也可以看得出來他真的「天生

就很聰明」。

大學二年級時我發現，明明我們上課時間學的東西都一樣，但卻能看到他像在唱歌一樣，把每個判例的重點內容背出來。判例是大法院的判決文，在法學上，大法院的判決文對解讀法律條文來說非常重要。其他人都還在爭論「判例是用肯定句」、「真的嗎？不是否定句嗎？」時，他卻能夠侃侃而談說道：「是『因為這樣那樣』所以是表達肯定的立場」，並立刻背出判例的重要內容。每次看到他這樣，我內心都十分驚訝。

而讓我覺得他「非常聰明」的契機，則是高中時的一則逸事。他偶爾會跟我們談起高中時的事，內容都是這樣：在自習時間偷偷跑到學校外面去玩、跟朋友賭撞球、漫畫放在抽屜裡上課偷看……。他真的不是在吹牛，大學時他的撞球已經有職業級的水準，所以我也想：「原來真的有『天生就很聰明』的人，腦袋好的人真的可以邊玩邊把書讀好。」當時我真的是這樣想的。

直到幾年前發生了一件事。當時我們大學認識的幾個好友一起去旅行，開車路上經過那位同學的老家，看見路標指著通往他就讀的高中，我們問他說要不要回母校看看，他的回答卻讓我們非常意外。他說不要，說因為高中時期的生活模式，讓他非常討厭學校。除了平日要在學校自習到凌晨兩點之外，星期六還必須在學校自習到晚上十一點，只有星期日可以在家吃晚餐。升上三年級之後，一個月只有一天不用去學校，能休息的日子只有全國模擬考週的星期日，以及中秋節和大年初一。他住的地區並沒有太出名的補習班，所以這些時間他都自己一個人讀書。

我實在沒想到他竟然花這麼多時間學習。我高中時也有自習時間，但只到晚上十點，週末很少會花時間專注學習。客觀來看，他的學習量要比我多上許多。那些偷跑出去、偷看漫畫、打撞球並不是他高中生活的全部。就在這時，當我想到這裡時，我突然領悟了。

領悟到原來問題並不在聽不聰明、領悟到他之所以能將判例倒背如流，是因為他刻意花時間去記，不是只看一次就記住、領悟到高中三年級時讀很多書的「慣性」仍然留在他身上，所以進入大學之後，他依然花很多時間讀書。那一瞬間我突然懂了。簡單來說，他並不是聰明，而是就算沒人在看，他也會花很多時間自己一個人學習。

沒有「天生的聰明才智」。即便每個人的理解能力、背誦能力都不一樣，但那些能力也並非從一開始就決定好的。當一個人花費在學習上的時間越多，課業上的能力就會越好，也會變得「聰明」，但這並非先天決定，而是人人都能培養出來的能力。

其實我們現在認為的「聰明才智」，並不是配備已經固定好的電腦，而是更接近由累積的學習分量鍛鍊出的「思考肌肉」。如同認真運動肌肉就會變壯一樣，認真學習就會變「聰明」。因此我們該做的事情非常明顯，就是相信我們也一樣能夠把書讀好，並且增加一人學習的時間，以確實幫助自己提升實力。

量造就質

現在開始，我們要來多看一些類似安德斯・艾瑞克森研究的各種案例。透過這些案例，我們可以知道「練習的結果」並不僅限於安德森・艾瑞克森研究中的音樂領域，更能適用於世上所有的領域。簡單來說，就是「量造就質」這個原理。

當我們相信這個真理是唯一的成功祕訣，適用於包括學習在內的所有領域時，那麼，必須一人學習的理由就會更加明確。這裡所說的「量」是「努力的量」；「努力」則是「能確實提升實力的努力」，而在讀書這件事情上就代表「一人學習」。也就是說，

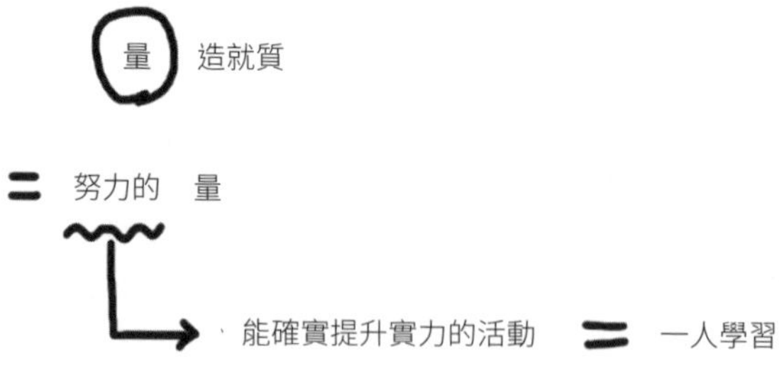
量 造就質
＝ 努力的 量
能確實提升實力的活動 ＝ 一人學習

也就是說，一人學習的分量要多，才能把書讀好！

自己一個人學習的量要多，才能把書讀好。每個領域的成功人士，都向我們展現「量造就質」的真理，例如：

在《開啟創作自信之旅》（*Art & Fear*）一書中，就有這樣一個故事：在一堂陶藝課上，老師將學生分成兩組，他跟其中一組學生說會看作品的品質打分數，再跟另一組學生說會看作品的數量打分數。

評分標準很簡單，「品質組」提交做得最好的一件作品，而「數量組」則會在上課最後一天，用秤去量一學期下來做的作品總重量。總重量超過二十公斤就可以拿到Ａ，超過十五公斤則給Ｂ。學期當中「品質組」的學生傾注所有能量，只為將一件陶器精雕細琢到完美，而「數量組」的學生則是上課時間不斷做陶器。該學期最好的作品究竟會出現在哪一組？其實我們都已經知道，老師究竟想透過這件事情教導學生什麼了。

學期末評量時，最好的作品全都來自「數量組」，換言之，大量創作陶器的學生，他們的作品品質也更好。

愛因斯坦為何是天才？

二〇〇六年美國出版了一本厚達九一八頁，名為《劍橋專業知識與專家績效手冊》（直譯，*The Cambridge handbook of expertise and expert performance*）的書。書中整理了在國際藝術與科學領域創下功績的天才們。不過其中收錄的內容，卻與一般人的常識有所不同。

這本書告訴我們，被稱為天才的人，其實並沒有比一般人更聰明。根據書中所述，創造偉大成果的人，智商不過介於一一五至一三〇之間，而這個數字不僅無法讓國小學生的家長們，滿心歡喜地期待孩子會是個天才，也很難讓人相信是功績享譽國際的偉人所擁有的智商。據說地球上有十四％的人智商都相當於這個數字；也就是說，只看智商的話，每一百人中就有十四人與世界級的天才具備相同水準。但真的很奇怪，單就智商來看，能成為「愛因斯坦」的候選人這麼多，但實際上真正有這番成就的人卻很少，這是為什麼？

這裡必須有一個前提，那就是世界級的天才跟一般人，在解決問題時大腦會

經歷相同的過程。例如：假設現在我們面對「用壓力鍋煮飯」這個問題，天才和一般人煮飯的過程都一樣：先洗米、量水、水跟米放入鍋子裡，等飄出白飯的味道後關火燜煮。也就是說，即便是天才煮飯，白米放進鍋子裡之後，還是要經過相同的步驟才能變成白飯；天才的大腦不會施展魔法。

而這兩者之間的差異如下：一般人洗米時會分心，要開火時可能會先跑去看個電視，即使飄出白飯的味道了，也會因為瀏覽社群平台而錯過燜煮的時間。因為煮飯的過程很鬆散，所以水量、火候都不夠精準。而天才則會「專注」於煮飯，無論是誰跟他搭話、電視上出現喜歡的藝人、智慧型手機跳出通知，總之先專注煮飯就對了。為此，一般人煮出的飯可能會太軟或太硬，但天才卻能煮出飽滿有光澤且軟硬適中的白飯，帶點香噴噴的鍋巴，而且完成的速度還比一般人更快。一般人不知道廚房裡發生的事，只會看到最後端上桌的成品，然後喊說：「這人是煮飯的天才。」

這個差異不在品質，而在分量。問題在於時間是否足夠、是否夠專注，是否使用正確的方式。不被其他事物吸引、不虛應故事、不妥協於一般的標準。也因此，我們能說這並不是先天的才能差異，而是態度的問題。這世界上之所以很少有像愛因斯坦這樣的人，並不是因為才能與愛因斯坦同等的人很稀少，而是因為像愛因斯坦一樣學習和做事態度的人很少。

我的大考申論題準備記

這是高中二年級時的事。二年級所有學生分為社會組與自然組，教室裡開始瀰漫著一股離大學入學考試更近一步的氛圍。我也受到這股氣氛影響，便主動申請申論習作來練習。那是一種教材後面有模擬考題，答案寫好之後寄出，就可以獲得評分與批改的月例教材。

其實，當時我根本不知道什麼是申論文，因為當時大學入學考試才剛開始實施申論題考試沒幾年，所以市面上沒有太多優質的相關教材。當時我對申論題的了解只有兩點：必須要以序論、本論、結論的結構書寫、在考卷上寫答案之前必須先想好大綱。我並沒有太擔心這件事，畢竟我在大大小小的作文比賽上得過許多獎，所以也深信自己一定能把申論題寫好。

三月，我開始寫第一份教材。不僅寫滿了要求的分量，連字跡都非常端正。雖然沒有期待第一次模擬考能拿到多棒的成績，但也因為絲毫不覺得問題很難，所以我預期自己並不會拿到太差的分數。考卷寄出去後，大約過了半個月，便收到批改完成的考卷。我到現在仍對當時信封上那句「內含批改過的考卷」印象深刻。我迅速拆開信封，一眼就看到最上面的總分：三十九分。

我懷疑自己的眼睛，怎麼會是三十九分？我第一次看到這個分數時，第一個閃過腦海中的想法是：「滿分是五十分嗎？」當然不是。無論是什麼考試，我從來不曾拿過這麼低的分數，這對我來說真的很陌生。

考卷上滿是批改者用紅筆寫下的刪改內容，我記得總評好像是這樣：「沒有掌握問題的重點，作答脈絡沒有邏輯。」老實說，讀完刪改的內容後我實在無法理解，不知道自己究竟為何而錯，所以實在也不敢相信「可以看出基礎知識充足，請繼續努力」這兩句還算是稱讚的評語。當時差點要用目光把考卷射穿的我，決定把這當作「評分有誤」。畢竟當時的數學習作，也經常有解說與答案錯誤的問題。所以有時候不管怎麼反覆推敲，都沒辦法算出習作給的參考答案，因此煩惱好一陣子之後，才發現原來是參考答案有錯。從此若我確定自己答對，但改出來卻有錯時，我都會先去確認是不是習作給的答案有誤。因此，這次我也認為申論考卷應該是類似的情況，便把這張考卷塞在書桌角落。

過了一個月，我再次寫好申論考卷，也更用心地避免「沒有掌握問題的重點，作答的脈絡沒有邏輯」這個問題。尤其問題並不困難，所以這次我理所當然地認為自己能夠拿到一個好分數。考卷依然在半個月後回到我手上，我抱著期待的心情立刻打開信封，攤開自己的考卷：四十一分。

四十一分，只比上次多了兩分而已。分數代表的意義很明確，畢竟計分不可能連續兩次出錯。也就是說，我的申論技巧亂七八糟，糟到甚至無法理解批改者的評語。我突然陷入極度的擔憂，想考上好大學就一定要參加申論考試，我有可能在兩年內大幅提升申論能力嗎？前途真是一片黑暗。

不知道是不是因為我住的城市並不大，書店裡面竟沒有任何一本像樣的申論參考書，頂多只有大學數學考試的申論考古題解說集而已。當我因為沒有方向而焦慮時，偶然讀到一篇別人錄取大學的心得。

那個人的學科考試分數很低，卻因為出色的申論能力而克服難關考進首爾大學。高中時稱霸所有申論比賽的他，在那篇心得文中分享了增進申論能力的主要方法。他說：**「只要寫一百次申論題，就能完全掌握要領。」**

當時是高二上學期初，距離大學入學考試還有一年六個月，我每個禮拜寫一篇申論題，放假期間再多投資一點時間，那進考場之前應該就能寫滿一百篇了。於是，從那時開始，我每到週末就會獨自花時間寫申論題。有時候是一千字，有時候是兩千字，偶爾會把要求一千字的題目寫成兩千字，有時遇到兩千字的問題，也會毫不在意地盡情寫個痛快。大學入學考試考古題、與考古題相似的題目、報紙上連載的申論題等，我全都拿來當成練習題。我沒有另外尋求指導，也沒有請人批改。只是把我寫的答案和附有解說的參考答案做比較，就這樣慢慢累積我的申論作品。

我是個運氣很好的人，偶然透過親身經驗領悟了「量造就質」這個道理。我的申論能力進步得比想像中快。高三時，申論題型已經不再是我的弱點，我很少遺漏參考答案中的核心論點，用於申論的範例也更有變化。升上高三後，我開始在許多申論比賽上獲獎。我曾在大學主辦的全國比賽上得獎，也曾獲得某日報的申論考試單元最優秀獎，我的文章也因此有機會刊登在報紙上。直到大學入學考試之前，我累積的申論文章大概有一百五十篇，大學入學考試的申論考試自然也平安過關。

「一萬小時法則」和「十年法則」

我高中時期學習申論考試的經歷，無疑是「量造就質」的最佳證據。有人說質造就量是有可能的，而我聽了這個說法後也跟著做，驗證了它的可能性；那麼，量造就質這件事只適用在我身上嗎？還是只適用在申論題上呢？當然不是。這一點其實已經透過許多研究證實，最具代表性的主張有兩個，分別是丹尼爾·列維汀（Daniel Levitin）的「一萬小時法則」，以及約翰·海斯（John Hayes）的「十年法則」。

首先來說一萬小時法則。這個法則因作家葛拉威爾（Malcolm Gladwell）在其著作《異數》（*Outliers*）中提及而廣為流傳。理論的主要內容，是說無論在任何領域，若想成為世界級的專家，就需要一萬小時的練習。而丹尼爾．列維汀是這麼說的：

「無論是作曲家、棒球選手、小說家、滑板選手、鋼琴家、西洋棋選手、駕輕就熟的罪犯或其他任何領域，只要反覆的研究，就越能確定一萬小時這個數字相當準確。一萬小時相當於平均一天三小時，一星期二十小時並持續十年的練習成果。我們找不到任何練習時間低於這個數字，卻仍可以成為世界級專家的例子。」

接下來是十年法則。約翰．海斯以七十六名作曲家為對象，調查他們何時寫出第一首成功作品。調查了約五百首歌，發現這七十六人都是在開始作曲之後過了十年才真正成功。在累積十年的經歷之前，作曲家完成的成功作品只有三首，而且這通常還是在第八年或第九年寫出的作品。

為了達到一定的水準，必須花費十年時間這點也能套用在其他領域。在以一百三十一名畫家、六十六名詩人為對象的另一項研究當中，我們也能毫無例外地發現他們都有「無名的十年」。

如果世上原本就存在有才能的人，那麼知名作曲家、畫家、詩人肯定一開始就能創作出傑出的成功作品。相反地，平凡的人則無論花再多時間，都無法擁有成功之作。但研究結果卻與這個認知恰恰相反。研究結果告訴我們，無論有沒有才能，人人都必須累積一萬小時或十年以上的練習量，才可能產出好的成果。如果有人被認為是「天才」或「擁有天生的才能」，那麼他肯定已經花費一萬小時或在默默無名的十年內不斷練習。

文藝復興時期的天才畫家米開朗基羅（Michelangelo）也曾說過：「若曉得我為了鑽研技術花費多少努力，人們就不會覺得我的技巧有多厲害。」

換言之，**我們只是沒有看到成功人士在做與提升實力有直接相關的行為，也就是沒看見他們獨自一人練習的模樣而已**。雖然世人都認為有人天生就是所謂的天才，但我卻覺得說他們擁有「天生的才能」，更像是在貶低他們付出的巨大努力。試想，當你費盡力氣才獲得回報，而人們卻認為這是你撿到的成果，你會有什麼感受？我認為實際上，天才都是「獨自練習的天才」，例如：

- 「高爾夫球界的莫札特」老虎伍茲（Tiger Woods），雖然近來因私生活問題而飽受爭議，不過他仍是在 PGA 比賽中獲得七十九場勝利的「高爾夫球天才」。由於他的父親非常想教自己的兒子打高爾夫球，於是老虎伍茲還沒滿兩歲就開始到高爾夫球場練習，四歲開始就已經另外聘請專業教練接受指導、訓練。也就是說，他在會說話之前就已經開始接受有系統的高爾夫球指導了。
- 村上春樹是每年都被認為最有機會獲得諾貝爾文學獎的國際知名小說家。他的長篇小說《挪威的森林》與《1Q84》皆相當出名，不過他也曾寫過短篇小說、散文、遊記、紀實作品，甚至是奧運觀察筆記等各種不同文體的作品。村上春樹是位相當多產的作家，一位評論家曾說：「在日本平均每四個月就有一本以村上春樹之名出版的著作。」這句話的意思是告訴我們，村上春樹其實還有很多壓在箱子裡，尚未出版的作品。

- 曾出版《刺激一九九五》、《戰慄遊戲》等作品的史蒂芬・金（Stephen King）是位驚悚小說大師，他的作品至今已銷售超過四千萬本。一次訪問當中，一位記者問史蒂芬・金說：「你都什麼時候創作？」他回答：「除了生日當與感恩節之外，我一整年都在創作」。不過這其實是騙人的。史蒂芬・金後來在自傳《寫作：我的作家生涯》（*On Writing*）當中澄清：「其實我在生日跟感恩節當天也會創作。」
- 畫家愛德華・孟克（Edvard Munch）是挪威出身的名人之一。在挪威首都奧斯陸的國立美術館與孟克博物館中，就能欣賞到孟克的作品。我去奧斯陸旅行時，曾近距離觀賞孟克的代表作〈吶喊〉，那裡還開放遊客在作品旁邊拍紀念照。但讓我驚訝的其實是另外一件事，那就是我們所知的孟克代表作大多只有〈吶喊〉或〈生命之舞〉等，不過孟克博物館當中卻有著這樣的介紹：「孟克一生留下的作品多達兩萬五千件。」
- 最後我們來看看畢卡索（Pablo Picasso）。不需要多做說明，大家都知道他是世界知名的「天才畫家」。不過畢卡索的作品當中，一般人能叫得出名字的，大概只有包括〈格爾尼卡〉、〈亞維儂的少女〉在內的幾件作品而已。畢卡索曾在一九六九年，用「那一年內」的作品舉辦了一次展覽。那次展覽上除了已經賣掉的作品之外，還有一百六十五件作品。但真正令人驚訝的並不是作品的數量，而是畢卡索其實是一八八一年出生的，也就是說一九六九年時畢卡索已經八十八歲了，竟還有這麼豐富的創作能量。據說畢卡索一生留下的作品數量大約有三萬件。

你我都做得到

量造就質。無論是一萬小時還是十年，只要投資足夠的時間，人人都能把書讀好。不過這裡我想再提醒一件事，因為擔心有人看到這裡已經卻步，想要在開始之前就放棄了。畢竟當我們站在超高的摩天大樓正下方抬頭往上看時，肯定會感到心驚膽跳。

我想，也許有人在聽到一萬小時或十年之後，便產生這種站在超高摩天大樓底下往上看的感覺。若你看著摩天大樓時，心裡浮現「不可能，我絕對爬不上去」的想法，那麼接著去看一萬小時法則裡提到的「一天三小時，持續十年」，大概也會想「一天三小時就很累了，要怎麼堅持十年」。不過真的不需要太擔心，以下是兩個我認為一萬小時或十年法則不是痛苦，而是一種希望的原因：

第一，一萬小時或十年法則帶給我們樂觀的訊息。這個法則的核心宗旨不是「必須過十年才能收穫成果」，而是「只要努力人人都能有收穫」。我們用另外一種說法來解釋「量造就質」，那就會是這樣：「做就對了。」每個人的成功與失敗並非是決定好的，而是「你我都有機會成功」，而這句話的統計學證據，就是一萬小時或十年法則。

第二，春天播下的種子，必須等到秋天才能收穫。不過努力的成果，並不一定要等到突破一萬小時之後才能收穫。你可以想像自己正在登山，當然一定要爬到山頂才能看到最好的視野，不過我們在登山的過程中，也能不時欣賞到美麗的景色。我在練習申論題的時候，雖然一開始決定要寫一百篇，但實際上在寫滿一百篇之前，就已經在大大小小的比賽上得獎了。如果你決定朝著一萬小時的目標前進，那麼在不遠的路上，你將會開始收穫大大小小的回報。

老實說，學習並不如村上春樹或畢卡索的創作那麼複雜。不就是讀書、理解、背誦、寫習題、找資料、謄寫而已嗎？雖然未來我們在各自的領域當中，獲得的成果將不如 PGA 巡迴賽優勝或〈亞維儂的少女〉等傑作那般令人驚艷，不過至少我們現在面臨的學習，比前面所說的「天才」們的工作要輕鬆多了。就連那些「天才」都說自己能有今天的地位，靠的不是聰明才智而是充分練習，那也就表示我們只要經過充分的學習，就同樣能有好表現，所以我們實在不能不把「你也做得到」這句話刻在心上。

提升真正實力的「一人」力量

我們都投資許多時間在學習上。想想你在學校度過的時間、去補習班的時間、聽網路課程的時間，以及坐在書桌前讀書寫習題的時間。如果那些時間不是用在學習上，而是用在其他地方的話，那會怎麼樣？如果拿那些時間去環遊世界，那你肯定能擁有「環遊世界專家」的頭銜；如果花費這些時間寫作，那肯定能規劃出有模有樣的「寫作課程」。

但很奇怪，為什麼我們投資這麼多時間在學習上，卻仍無法有自信地說「這樣做就是學習」呢？究竟，我們的學習出了什麼問題呢？

答案很簡單，那就是除了「時間」之外還有其他變因決定了努力的「分量」，那個變因就是「正確的方法」。雖然人人都能把書讀好，但必須要使用

「正確」的方法。就像同樣開車向前進，仍必須遵循導航指示的方向才能抵達目的地一樣。**跟著「正確的方法」去做，就會在終點再次看見我們之所以要一人學習的原因。**

你不需要提前害怕自己無法照這個方法去做、不需要減少睡眠時間，也不需逼迫自己忍受痛苦，因為，這個方法其實非常很簡單。

創造 iPhone 的史蒂夫．賈伯斯（Steve Jobs）曾在一次訪問中提到：「持續深究問題，像在剝洋蔥一樣一層一層拆解，就能獲得優雅且簡單的答案。」國際知名管理學家詹姆．柯林斯（Jim Collins）也在《從 A 到 A+：企業從優秀到卓越的奧祕》（*Good to Great*）中強調：「做一件偉大的事絕對不比做好一件事困難，雖然能被稱為偉大的事情在統計學上較少見，但做偉大的事所需要承受的痛苦，並不會比持續做一件平凡的事還多。」

同樣地，所謂正確的方法並不會比我們一直以來使用的學習法更困難，也不會難以模仿，只是很少有人這麼做而已。

要怎麼收穫先怎麼栽

美國密西根大學管理系教授諾爾・蒂奇（Noel Tichy）曾說，人做的事情分為三個領域。我們可以畫三個同心圓，並試著想像自己站在圓心，最內圈是安全領域，第二圈則是成長領域，最外圈是恐慌領域。

安全領域屬於我們已經非常熟悉、擅長的事，像是煮杯麵、四則運算、每天走同樣的路上班等等。這些都是我們已經很擅長的事，所以不會覺得有壓力或有負擔。不過也因為總用同樣的方式做簡單的事，所以能力不太會進步。而最外圈的恐慌領域則屬於太過困難，實際去做會令人陷入恐慌狀態的事。你可以試著

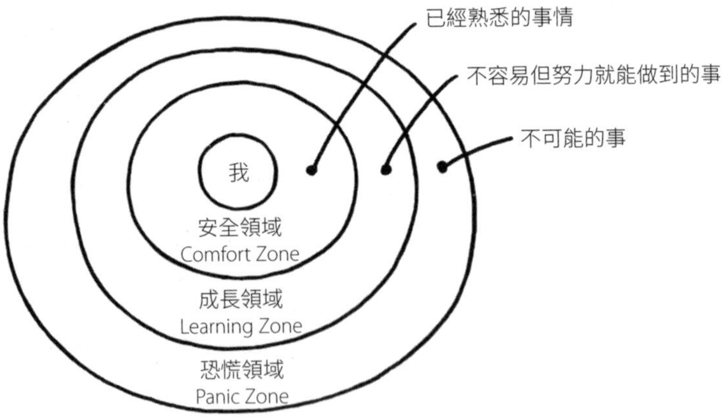

想像自己眼前有個受槍傷的緊急傷患不停流血，或是突然獨自被丟到南美洲叢林裡。當人遇到這種屬於恐慌領域的事情時，就會因為不知所措而慌張。最後的成長領域，則介於安全領域與恐慌領域之間，屬於雖然不算簡單，但只要努力就有辦法做到的領域。這個領域之所以會被稱為成長領域，是因為在做屬於該領域的事情時，都能讓自己有所成長。

諾爾・蒂奇教授非常果斷地說，**如果想持續進步，那就必須去做成長領域的事情**。人一生中很少有機會遇到屬於恐慌領域的事，無論是學習、工作、興趣，日常生活中我們面臨的選擇，大致上都落在安全領域與成長領域當中。有些人會只停留在安全領域當中「浪費時間」，雖然看起來有在做些什麼，但實際上只是用熟悉的方式踩著熟悉的輪子前進而已，這就跟浪費時間沒有兩樣。這也說明了為什麼社區裡中國餐館的主廚十年來都在做炸醬麵手藝仍沒有進步、為什麼社區理容院的老闆剪了二十年的頭髮，能力仍然原地踏步。

英國哲學家法蘭西斯・培根（Francis Bacon）在四百年前就曾警告：「若持續只做你一直在做的事，那你將只會獲得你一直以來獲得的東西。」

所謂的努力，並非都是一樣的努力

「一萬小時法則」與「十年法則」所說的練習當中，藏著一個祕密。「量造就質」當中所說的努力分量，其實是比較特別的努力。那就是對提升實力造成決定性影響的努力、屬於成長領域的努力，也就是正確的努力；我們必須透過這樣的努力才會成長。長時間學習卻仍對學習沒有信心，就是因為沒有正確的努力。**只要不是正確的努力，那麼即便重複十年也沒有用**。

「努力」這個詞雖然常見，但並非所有的努力都是一樣的努力。例如：試想一個喜歡棒球的社會人士加入棒球同好會，他每星期六都早起帶著裝備去參加比賽。到了現場之後，他會先簡單伸展、傳接球或是揮棒熱身，接著花費三小時揮灑熱情完成比賽，球衣沾滿了泥土後精疲力盡地返家。當然，他有時候會到室內棒球練習場去做揮棒練習，或是接受投球姿勢矯正，不過他實際接觸棒球的時間，大多都還是透過週末的比賽，因為投入比賽是最快樂的事。他認為這些比賽時間累積起來，就能提升自己的實力，他認為這包含在「一萬小時」的努力當中。不過這只是他的錯覺，事實上他的實力並沒有太多提升，因為他所做的努力並不正確。

這裡產生兩個問題：**第一，正確的努力是什麼**？簡單來說就是跳脫安全領域的努力，屬於成長領域的努力。用自己熟悉的方法、重複一直以來都在做的事，其實並不屬於正確的努力。**第二，該怎麼做才是正確的努力**？那就是「挑選自己不足的部分，並不斷重複去做」。揭露柏林音樂學院才能之謎的安德森．艾瑞克森將這項活動取名為「經過謹慎規劃的練習」。

那麼「經過謹慎規劃的練習」究竟是什麼？

我國中時，朋友之間突然吹起一股桌球風潮，下課之後大家都會湧入社區的桌球場花三十元打桌球。我們沒有特別學過，只是隨便打球當遊戲玩而已，但還是每天開心地去桌球場報到。當時我們當中有個人打得非常好，他運動神經雖然並沒有特別好，卻沒有人能比得過他，而他會這麼厲害，純粹只是因為他會殺球而已。當球彈到適當的高度，他一定會使出殺球這一招，但卻完全沒人能接下這一球，於是他自然就成了最優秀的那一個。

對桌球產生興趣後沒多久，我偶然得知我爸爸很擅長打桌球，年輕時還參加過比賽。於是我開始跟他學打桌球，最先學的就是殺球。跟爸爸學打球當然不可能是有趣的比賽，我一開始必須在沒有球的狀態下拿著拍子，對著鏡子揮拍以確保姿勢正確，每一次練習都要揮好幾百下。接著再去桌球場，爸爸會把球丟到適當的高度，而我必須用相同的姿勢練習把球打出去，然後挑出不夠好的地方，不斷重複練習。

用這種方式熟悉殺球之後，我便跟那位朋友一起去桌球場，沒想到發生一件驚人的事，我突然能跟那位實力很好的朋友對打了！我的殺球能力有明顯的進步。後來我用同樣的方式學會切球、反手殺球等各項輔助技巧，每當學會一項新的技巧，我都像裝上新武器，感覺自己確實向上爬了一個階段。

這就是安德森．艾瑞克森所說的「經過謹慎規劃的練習」。**那是以提升實力為目的所特別設計的行為，必須經過無數次重複，且需要教師等專家從旁協助，這與一般人認為的練習有一段差距。**我跟朋友們打著玩的桌球比賽，並不是經過謹慎規劃的練習，但我跟爸爸那樣重複相同動作、矯正姿勢的行為，就是經過謹慎規劃的練習。前述那位已經出社會的棒球同好會會員，若想好好練習，就應該揮棒揮上百次以矯正自己的姿勢，而不是去參加比賽，再不然就是增加自己接球後滾地起身的練習時間。用這種方式投資時間在練習上，能力才會成等比成長。因為挑出自己不足的部分，並不斷重複練習才會令實力進步。

總的來說，經過謹慎規劃的練習特徵如下：

一、**是為了提升實力而設計的行為**。這裡的重點在於設計，我們必須掌握自己的缺點，並且做能夠彌補這一個缺失的練習。就像漫畫《灌籃高手》當中，籃球菜鳥櫻木花道所接受的特別訓練不是模擬比賽，而是「跳投兩萬次」。

二、**必須是能不斷重複的行為**。一流高爾夫選手一個球季會把球打進沙坑的次數，頂多只有兩次。不過為了在遭遇這種情況時能完美解決問題，高爾夫選手必須不斷練習沙坑擊球。

三、**必須是可以接受回饋的行為**。高盛公司最高學習長史蒂夫・柯爾（Steve Kerr），曾經將沒有回饋的練習比喻成「站在窗簾後面看都不看就丟出保齡球」。他說：「無論哪一種技巧都可以練習，但如果沒能獲得與結果相關的回饋，那會發生兩件事：第一是實力不會進步，第二是你再也不會花費心思去提升自己的實力。」

四、這不是件很愉快的事。試著想想成長領域的概念，應該就能明白為什麼這並不愉快。要求一個人刻意找自己不擅長的事情來做，怎麼可能會讓人感到開心呢？

不過也不用因此感到失望，只要下定決心接受經過謹慎規劃的練習，兩個強大的優點便足以彌補無趣所帶來的失望感。第一，整件事情不怎麼有趣，對下定決心做這項練習的人來說是個好消息，因為這代表大多數人都不是用正確的方式在練習。即便有些人知道什麼是正確的練習，能夠堅持下去的可能性也不高。也就是說，決定要做正確練習的那一刻，你就已經與他人之間拉開差距了。第二，開始這項練習之後，你不需要花費太多時間，也能用比現在更快的速度提升實力。

二十世紀最偉大的小提琴演奏家之一的內森．米爾斯坦（Nathan Milstein）是知名指揮家萊奧波德．奧爾（Leopold Auer）的弟子。某次，米爾斯坦問老師奧爾說自己的練習量夠不夠，奧爾這樣回答：「用手指練習要花一整天，但專心練習只要一個半小時就夠了。」

「探索、反覆、回饋」，一人學習後的善循環

目前為止，我們已經了解正確努力的意義與方法。接下來我們可以思考，該如何將正確努力的方法運用在學習上、該如何學習才是對的。答案分為以下三點：

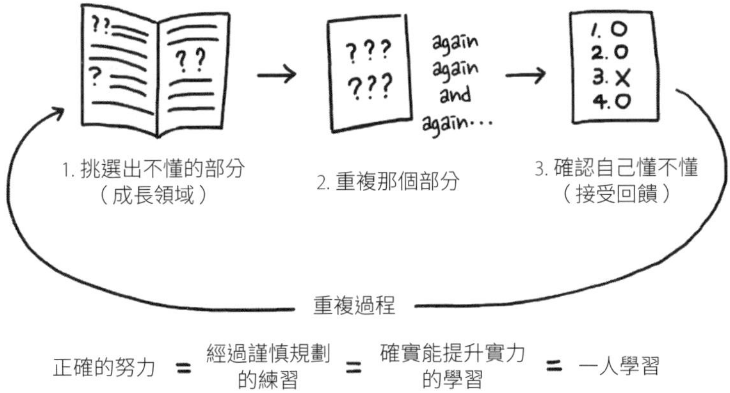
??
?
??
???
???
again
again
and
again...
1. O
2. O
3. X
4. O
1. 挑選出不懂的部分
（成長領域）
2. 重複那個部分
3. 確認自己懂不懂
（接受回饋）
重複過程
正確的努力 = 經過謹慎規劃的練習 = 確實能提升實力的學習 = 一人學習

一、挑選出不懂的部分

我們必須找出自己待加強，也就是不懂的部分並針對該部分專注學習。剛開始學新內容時，聽課、聽講座都很有用，因為是完全陌生的內容，所以選擇簡單說明概念或架構的講座來聽，就能提升對整體內容的理解程度。先有了全面的基礎理解後，再挑出困難的概念、不能理解的內容、無法記住的圖表，接著不斷複習到這些內容能夠進入腦海。因為緊抓住這些不懂的部分，反覆學習直到自己進步，才能讓自己跨入成長領域，而只要能夠停留在成長領域，實力就一定會進步。

反過來說，「重複聽講應該就能理解吧」、「書重複多看幾遍應該就能全部背下來」，則是一種停留在安全領域的態度。那麼我們該如何找出自己待加強的部分？這件事並不困難，其實上課時無法完全理解的所有概念、句子、圖表、公式等，都屬於成長領域。

二、重複不懂的部分

不懂的部分就應該不斷重複。在第三章中會再詳細說明，這裡簡單說就是只要不斷重複就沒有記不住的內容。若有總是忘記的單字、搞錯的年份、無法理解的原理，那你不應該刻意逃避，而是應該在發現自己不理解時重複確認。這雖然有點煩人，不過絕對不困難，只要能腳踏實地再多確認一次就夠了。

只要我們刻意重複同樣的步驟，大腦就會在某一瞬間完全將該內容記住，所以我們要做的就是別逃避不懂的部分，堅持與它正面對決。

三、接受回饋

重複不懂的部分之後，還必須接受回饋。運動時，身邊的人能幫我們即時糾正姿勢，但學習卻沒有這樣的機制。不過我們仍能透過其他方式，獲得學習相關的回饋。例如：寫習題、參加模擬考、撰寫報告等，都是回饋的方式。被老師稱讚或責備，也屬於回饋的一種。

我學中論題時，將自己的答案跟參考答案比對的行為也是一種回饋。也就是說，只要能確認自己究竟做得好不好，就算是一種回饋。

其實有一個簡單又強力的回饋方法，而且我確定每個擅長讀書的人都是用這個方法，那就是「蓋上書本學習」。例如：用手遮住剛讀過的部分或剛背下的英文單字，試著直接把內容用嘴巴說出來。要是記住了就能說得出來，否則會支支吾吾拼湊不出答案。這就是能當場確認自己學習情況的回饋。還有比這更明確、更簡單的方法嗎？

前面我們提過學習是重複「❶閱讀、❷背誦、❸確認是否背起來」這三個步驟。我敢說，學習狀況不佳的人，都是步驟三沒能好好執行，因為步驟三讓他們覺得很有壓力。所以只要實踐「確認自己有沒有把內容記起來」這個簡單的回饋要領，每個人都能大幅進步。

這三個步驟，就是能直接影響實力提升的正確學習方法。如果對學習沒有自信，那應該是疏忽了部分或全部的步驟。至於那些被認為「天資聰穎」的資優生，其實也只是充分做到這三步驟而已。這是讀書方法的核心，只要這麼做，人人都能立刻發現「我也做得到」，體驗到提升自信的片餉證驗。

那麼，如果想用這種方式學習，究竟該怎麼做才能達成目標？是該增加在補習班聽課的時間嗎？還是應該增加跟其他人一起讀書的時間？兩者皆非。絕對是要擁有一人學習的時間。要自己花時間找出不懂之處並不斷鑽研，一發現哪裡不懂便立刻翻書來看，並隨時確認自己是否真正將那些內容記住。這些都是必須獨自完成的事，也是為什麼柏林音樂學院的所有學生，都認為「自己一個人練習」對提升實力有直接影響的原因。

在學校聽課很好，到補習班聽課很好，參加讀書會也很棒，但那些都不是學習，只是幫助一人學習的工具而已。花費許多時間仍對學習沒有自信的原因，就在於被幫助學習的工具絆住，卻忽略了學習本身。所以我們必須增加一人學習的時間，並使用正確的方法學習。了解到問題所在之後，問題便會消失。現在我們已經變得與眾不同了，不需要再像以前那樣花費大把時間，也能迅速提升實力。

本章重點

- 有一位排名倒數第三的國三學生，這位學生的基礎很差，連人稱代名詞都不會。不過當我告訴他學習方法之後，他只花了三個月就在期末考時考到真正的第三名。奇蹟便是從意識到「我也做得到」開始的。
- 「趣味」是源自於「成長的滋味」，所以學習的樂趣是源自於實力成長的滋味，也就是取決於「我也做得到」的領悟。
- 所謂的學習，其實就是重複三個步驟：「❶閱讀、❷背誦、❸確認是否記住」。而「做得到」的感覺來自於成功地做到步驟三。
- 每個人都能把書讀好，但人們卻認為每個人「天資」不同，因此畫地自限。
- 安德斯．艾瑞克森在柏林音樂學院進行的研究中，發現每一位學生都很清楚知道什麼才是對提升實力造成最直接影響的活動。那就是「自己一個人練習」。
- 即便是最看重才能的音樂領域，能提升實力的標準仍是練習的分量。

安德斯·艾瑞克森做出了結論：「除了練習之外，我們無法在任何地方找到才能。假使真的有才能存在，那它所扮演的角色也不如人們所想的那麼重要。」

- 學習也是一樣，沒有所謂的「天資」，實力是由學習分量決定。只要充分使用正確的方法，人人都能把書讀好。這裡所謂正確的方法，是指會直接影響實力提升的學習方法，也就是一人學習。

- 量造就質的第一個要素就是「時間」。丹尼爾·列維汀的「一萬小時的法則」、約翰·海斯的「十年法則」告訴我們，無論任何領域，每個人都必須在投資一定時間以上的努力，才能收穫卓越的成果。天才們其實都是「獨自練習的天才」。

- 決定努力分量的第二個要素，就是「正確的方法」。諾爾·蒂奇認為人做的事情可分為安全領域、成長領域與恐慌領域。所謂的成長領域，就是只要伸出手拚盡全力，就一定能做到的事情。而所謂正確的方法，就是將努力投注在屬於成長領域的事情上。

- 正確方法的最佳例子，就是「經過謹慎規劃的練習」。挑選出自己有待加強的部分，並且藉著重複練習進行：「❶為提升實力而設計的活動、❷可以重複無數次的活動、❸可以獲得回饋的活動」。

- 將這點套用在學習上，就是「❶探索待加強的部分、❷重複該部分、❸獲得回饋」等三個步驟。

第二章

「一人學習」是大腦最喜歡的學習法

大腦的學習操作手冊

所謂的學習法，就是讓學習的內容確實進入腦海中的方法。我們的大腦在儲存記憶方面有一定的程序，就像在操縱複雜的機械時，會需要依照說明書操作一樣，學習時也必須按照大腦的說明書操作，才能讓學習的內容真正進入腦海中。若在不知道學習法的情況下漫無目的地學習，就像隨便按個按鈕，卻期待機器能夠正常運作一樣。

本章我們將介紹腦科學相關知識，我們會一一了解學習在腦科學上代表什麼意義、大腦在儲存記憶時會經過哪些過程、學習時大腦會發生什麼事，並且點出許多人至今仍不明白的的學習要點。透過這些要點，我們可以掌握該如何「專注」、知道為什麼即使認真讀書，書本上的內容仍無法留在腦海中的原因；我們將明白囫圇吞棗，只讀大綱的讀書習慣有多麼致命。同時也能了解，若想依照大腦的操作手冊讀書，增加自己一個人的學習時間，便是唯一解答。

對那些感覺自己花更多時間玩遊戲、看YouTube，開始習慣性長時間使用數位機械的人來說，這一章的內容將會是相當沉重的警告訊息。因為儲存在大腦中的記憶不僅只有教科書上的學習內容，具刺激性的影像與遊戲，對大腦來說同樣也是資訊，甚至是不需要太多注意力，也能持續帶來快感的資訊。然而，當我們曝光在這些資訊中的時間越長，大腦就越不容易學習。

我嘗試透過最少量的腦科學知識，盡可能地簡單解釋這些概念，不過這些理論很可能會讓人感到困難。如果感到太困難，也可以先跳過本章，直接從更具體介紹學習法則的第三章開始閱讀也無妨。

大腦的記憶儲存循環

從現在開始，我們將介紹人腦如何運作，也就是從腦科學的角度解釋學習的原理。我會在了解學習方法所需的範圍內，盡量簡單地介紹這些原理，但因為會出現一些生物學用語及抽象的解釋，閱讀起來可能會感到有些困難。即便如此，了解這些原理仍然能帶來三大好處，實在沒有辦法跳過這個部分。

了解腦科學原理的三大好處

第一，幫助我們了解學習方法。學習終究需要透過大腦進行，了解學習的內容會經由哪些過程進入大腦後，就能更明白為何必須一人學習才能進步，以及一人學習時究竟該怎麼做。這就好像在了解身體如何吸收營養、分解脂肪之後，對瘦身就能帶來一定的幫助一樣。

第二，可以獲得自信。我們同樣都是人，是智人（Homo Sapiens），也就是在生物學上同樣擁有腦的意思。全球暢銷書《人類大歷史》（*Sapiens*）的作者哈拉瑞（Yuval Harari）曾說：「即使我們與三萬兩千年前的智人相遇，我們同樣能夠學習他們的語言，他們也能學習我們的語言，甚至能向他們介紹從《愛麗絲夢遊仙境》到量子力學的所有知識。」而這也是生物學上代表人人都能把書讀好的事實。

第三，可以知道自己過去做錯了什麼。其實我們完全不知道其他人「如何學習」，只能看著旁邊的人翻書的速度、筆記的方式，「推測」對方如何學習而已。基於這種本質上的限制，許多人在不知道是什麼造成實力差距的狀況下，輕易地以「天資」當藉口讓自己逃避。在介紹學習歷程時，我將會不時提及大多數人在學習時所犯的錯誤；善於學習的人將這些事情視為理所當然，而不善學習的人卻完全不知道這些要點。二十世紀的德國知名建築師密斯・凡德羅（Mies van der rohe）曾說：「魔鬼就在細節裡。」**善於學習者的祕密，就**

在一般人錯過的細節當中。

學習的歷程

提到「學習」，有些人會想到閱讀、有些人會想到聽課、有些人會想到寫習題，有些人則會想到考試的畫面。因為當我們以學生或考生的身分專注於讀書時，做這些事情就是我們學習的姿態。當然這些行為是學習，也是無數學習方法中，能在短時間內獲得眾多資訊，最有效率的方法之一，但並不是全部。

那麼從本質來說，學習究竟是什麼？非常粗略、簡略地來說，**學習是「將外部的刺激儲存成腦中的長期記憶」**，是將文字等視覺刺激、講課等聽覺刺激、材料的質感等觸覺刺激之類的外部刺激，儲存成為長期記憶。將這些記憶好好儲存起來，以便在需要時能自由取用就是學習。所以從現在開始，我們要一一拆解「記憶、儲存、過程」三個學習歷程階段。

一、記憶：感覺記憶、短期記憶、長期記憶

首先，什麼是「長期記憶」？

依照腦科學家的分類，記憶大致有三種：感覺記憶、短期記憶、長期記憶。

「感覺記憶」是視覺、聽覺、觸覺等用我們的感覺短暫感受之後，瞬間消失的記憶。因為消失得非常快，所以也稱為超短期記憶。感覺記憶持續的時間視感覺而異，視覺記憶僅一秒就會消失，聽覺記憶則能夠維持數秒。試著想像用眼睛看電話號碼跟用耳朵聽的差異，應該會更容易理解。如果我們只用眼睛看02以外的八個數字，那轉過頭之後就會將該電話號碼忘光。反之，如果用耳朵去聽後面的「1234-5678」，電話號碼留在記憶中的時間就能比用眼睛看更久。這

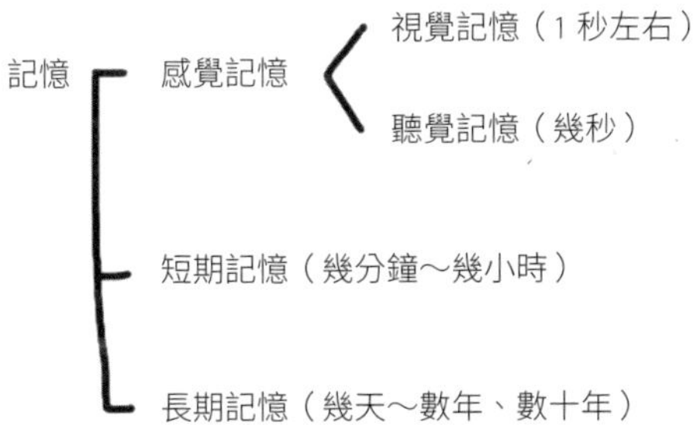

也是為什麼我們在抄寫電話號碼時，總會用嘴巴唸出來的原因。

「短期記憶」是能持續幾分鐘至幾小時的記憶。例如，假設你在跟隔壁的同事閒聊，我們會記得現在在聊什麼話題，剛才對方說了什麼話，以及當時自己回答了什麼。因為有這樣的短期記憶，對話才能有連續性。相反地，如果短期記憶出現問題，那麼日常生活就會面臨嚴重的問題。如果同事說「借我紅筆」時，你回答「好」，但卻在轉身打開書桌抽屜的瞬間，忘記自己為什麼要打開抽屜的話該怎麼辦？如果生活中頻繁發生這種事，那我們幾乎不可能從事學習或任何需要連續性的行為。

短期記憶可以成為特定行為的基礎，所以也被稱為工作記憶。不過短期記憶的容量有限，就好像廚房的砧板，雖然可以放好幾種食材上去處理，但卻無法同時處理太多種食材。

「長期記憶」是可以持續一天以上的記憶，也能儲存在大腦中最久。你可以回想一下小時候住家的樣子，現在一定還能想起來以前家中的擺設，這就是長期記憶。如果短期記憶是砧板，那長期記憶就像一台大冰箱，可以堆放許多食材。就像在煮豆腐鍋時，我們會打開冰箱拿出豆腐與蔬菜，放到砧板上處理一樣，大腦在處理某些工作時，也會從長期記憶中拉出各式情報，再由短期記憶加工。

二、儲存：記憶有它的型態

接下來是「儲存」。這裡要先提一件令人意外的事，那就是依照腦科學研究結果，資訊儲存在記憶當中是一種物理現象；也就是說記憶是一種物質，是一種有形體、會占空間的物質。記憶就像堆疊在倉庫裡的箱子一樣，實際上會占據大腦的空間；動畫電影〈腦筋急轉彎〉（*Inside Out*）就用非常趣味的方式描寫這件事情。

〈腦筋急轉彎〉的故事，發生在一名正歷經青春期的女孩其大腦中。每當主角得到溜冰、收到禮物等體驗時，大腦就會產生新的玻璃珠，那個玻璃珠就是「記憶」。腦中有一個可以無限儲存記憶的空間，記憶就是這樣會真實占據大腦空間的物質，只是實際上並不如電影中的玻璃珠那般美麗。

記憶這種物質是什麼樣子呢？簡單來說很像樹枝。記憶發生在大腦神經細胞「神經元」（Neuron），而大腦中有無數個神經元，它像一根有許多枝枒的樹枝。當大腦受到刺激，神經元的形狀就會跟著改變。也就是說當我們產生記憶時，神經元便會改變，會像樹木一樣，產生樹枝變長或是從中間長出新枝枒的變化；這是透過觀察老鼠的眼睛所獲得的事實。

神經元會改變形狀並與其他神經元連結，這些連結的部分稱為突觸（Synapse）。資訊的移動會發生在這些部位，你可以試著想一下「猴子的屁股是紅的，紅紅的蘋果，蘋果很好吃……」這首歌，這是聯想作用的典型範例。**這種聯想作用是從一段記憶跳到另一段記憶的作用，也就是突觸上發生資訊移動的作用**。就像看到猴子的屁股就會聯想到蘋果一樣，一個人如果擅長

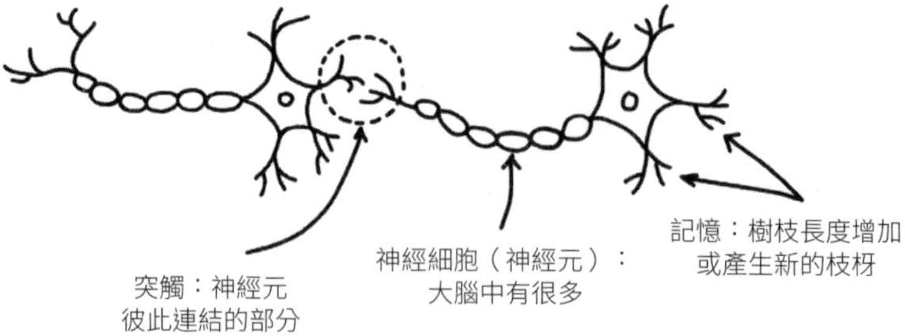

學習，就是將外部的刺激「儲存」成腦中的長期記憶

聯想，就表示他的記憶之間資訊傳達十分順暢。換句話說，就是神經元之間的突觸連結非常完善。

三、過程：四大階段的循環

現在開始，我要講記憶的儲存過程。再次重申，所謂的學習，是「將外部的刺激儲存成腦中的長期記憶」，也因此儲存的過程就是學習發生的過程。**遵照大腦將某些東西放入腦中的運作方式，就是最好的學習方法**。也就是說，若不依照這個運作方式行動，基本上無論如何嘗試將東西放入腦中，也無法順利儲存。

在這裡我要透露一個擅長學習的人的重要祕密，那就是他們察覺到，人必須依照大腦的運作方式學習。而是否忠於這個過程，就是擅長學習者與不擅長學習者的差異。

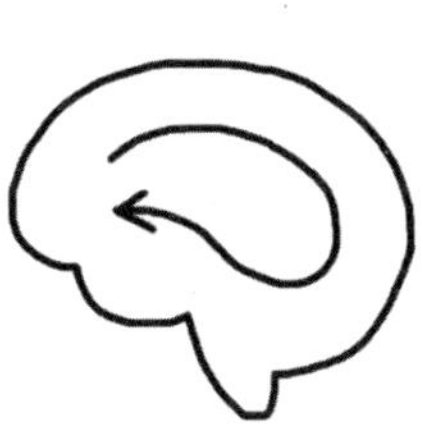

必須遵照大腦的運作模式，
才能將東西儲存至大腦中

就像必須畫出固定的圖形，
智慧型手機才能解鎖

在不知道正確學習方法的情況下，坐在書桌前長時間學習，就像不知道密碼，卻一直蹲在地上亂按，嘗試解開密碼直到雙腳發麻。一般人的實力之所以無法如預期般提升，原因就在於使用了錯誤的學習方式。

根據美國腦科學家詹姆斯・祖爾（James Zull）的說法，記憶儲存的過程分為四個階段：

一、**具體的經驗**：大腦首先會經歷視覺、聽覺、嗅覺等來自外界的刺激。

二、**反思的觀察**：經歷來自外界的刺激時，會與原本自身所擁有的資訊做比較，並且探索新的刺激所具備的意義。

三、**抽象的假設**：以接收到的資訊為基礎建立假設，同時對自己提問：「這句話是什麼意思？」、「是要我這樣做的意思嗎？」

四、**活動的實驗**：付諸實行，以確認該假設是否正確。這些行為的結果將會再度成為來自外界的刺激，進而成為具體的經驗。

而這四個階段會不斷循環，進而成為記憶儲存在腦中；其不僅是神經元生長並衍生出突觸的過程，也正是學習的過程。大腦在儲存東西時，毫無疑問地會經過這四個階段。換句話說，如果不完整經過這四個階段，就無法完整儲存記憶，也就是即使花時間學習也無法讓該學的內容真正進入大腦。

因此，從現在開始，我們必須更注意觀察這四個階段，犯人就在其中。一直以來，我們肯定都疏忽了哪一部分，也就是那個部分絆住了我們。

或許，高中輟學之後卻成為國際知名自我提升顧問的布萊恩·崔西（Brian Tracy）說的沒錯：「許多人牽著手向前跑時，他們整體的速度是由最慢的那個人來決定。」換言之，只要改變一直以來絆住我們的那個部分，我們整體的速度就能跟著改變。

如何煮出一碗好吃的泡麵？

現在開始，我要用大家都很熟悉的活動，也就是「煮泡麵」這個行為當成範例，講解學習的歷程。

首先，我們的前提是一群完全不會煮泡麵的人，他們腦中負責「煮泡麵的方法」的神經元並不發達。雖然很少見，但世界上的確存在不知道怎麼煮泡麵的人。這些人的腦海中存在著「泡麵」這個神經元，也有「在泡麵裡加蛋會很好吃」的神經元，但卻沒有「如何煮泡麵」的神經元。所以只要學會「如何煮泡麵」，那他們腦中負責「如何煮泡麵」的神經元便會生長，並且透過突觸與其他神經元相互連結。

我現在在廚房拿了一包泡麵，包裝背面寫著的料理方法如下：

一、將五五〇毫升（三杯左右）的水煮開後，將麵體、調味粉、配料、昆布放入水中煮五分鐘。

二、將步驟一料理好的泡麵裝在碗裡，美味地享用。

三、搭配白煮蛋、豆皮或各季節出產的當季新鮮蔬菜一起享用，就能讓泡麵更美味。

現在讓我們透過學習「煮泡麵的方法」，一一檢視儲存記憶的四個階段：

一、具體的經驗：用眼睛熟悉料理方式

首先我們會閱讀料理方法。用眼睛看包裝上的文字，就是一種視覺刺激，對完全不懂得如何煮泡麵的人來說，這些文字就像自然課本上的實驗步驟、就像在學校上新課程時所感受到的一樣，我們無法立刻在腦海中，勾勒出第一次接觸到的事物應該是什麼樣子。對不會煮泡麵的人來說，包裝上的內容就只是普通的文字，而這就是大腦學習循環中的第一階段：具體的經驗。

二、反思的觀察：為了理解而查找長期記憶的內容

大腦為了理解料理方式，會開始翻找長期記憶。例如：讀到「五五〇毫升的水」這個部分，會想到以前運動時喝的五〇〇毫升礦泉水瓶，接著想到「加入比那個礦泉水瓶稍微再多一點的水，就會是五五〇毫升」。**透過已經了解的內容去思考，仔細拆解新資訊的過程，就是反思的觀察。**

能做到反思的觀察，就是因為我們手上掌握部分已知的情報，也就是已

經學到一些知識。與此相對，如果遇到的是完全未知的內容，那根本不可能做到「反思的」觀察。從來不曾煮過泡麵的人，雖然不知道什麼是調味粉跟配料包，但卻能理解料理方法的原因，就在於他們至少讀得懂包裝上的字。那如果今天是一包泰國泡麵呢？

我曾經在旅行時買了幾包泰國泡麵回來，回到家想煮才發現，因為完全不懂泰文，所以根本看不懂背後所寫的料理方式。即使利用視覺實際經歷「閱讀」文字這個過程，仍然不能做到「理解」內容的反思觀察。不過幸好有兩個能夠推測到底是什麼意思的部分，那就是三五〇和三至四這幾個數字。我認為這幾個數字代表「三五〇毫升」與「三至四分鐘」的意思，所以才能順利把泡麵煮好。而能做到此推測，正是因為我們已經擁有煮泡麵的知識。

三、抽象的假設：付諸實行之前，回想起許多東西

讀完料理方法之後，接著該付諸實行了。

我們在開始行動前，會先在腦海中描繪各式各樣的情景。「有鍋子能裝得

下五五〇毫升的水嗎？」」、「搭配新鮮蔬菜一起吃應該很美味，冰箱裡的蔥、黃瓜和薄荷葉當中，哪一個比較適合泡麵？」等，我們會一邊自我提問，一邊確認這些想法是否與我們所理解的內容相符，而這個過程就是抽象的假設。

四、活動的實驗：將想法付諸實行

最後是執行的階段，就是將大腦理解的內容付諸實行。在實際嘗試之後，我們通常會發現結果跟一開始想像的有些差異。像是：發現水加太多、或忘記在正確的時間把火關掉等。試想，如果在泡麵中加了薄荷葉會怎樣呢？那個味道就交給各位自己想像吧！

經歷活動的實驗後，我們會得到成果。第一次嘗試煮泡麵的結果，是獲得一鍋湯很清淡、麵條泡得很脹且有牙膏味的泡麵。我們透過眼睛看見這個結果、用鼻子聞到味道，並用舌頭品嘗其滋味。透過視覺、嗅覺與味覺接觸到的結果，會再度成為具體的經驗，這個經驗將會延續成反思的觀察與抽象的假設，並讓我們在下次少放一點水、設置五分鐘的計時器，用蔥代替薄荷等。

就這樣再多煮幾次泡麵，我們就能成為煮泡麵大師，之後便能隨時煮出美味的泡麵，這也代表我們已經完全學會如何煮泡麵。在這段練習的時間裡，大腦中負責「煮泡麵的方法」的神經元不斷生長，突觸也與其他神經元連結，表示「煮泡麵的方法」確實已經儲存成為長期記憶。

為了達到這個目的，記憶儲存的四階段循環必須完整且不斷重複，而這也是我們必須關注的重點。如果遺漏其中任何一個階段，就無法完全精通煮泡麵的方法。例如：讀了料理方法，卻只有想像而沒有實際去煮，或是煮好後從來沒確認味道究竟如何，那就無法成為一個能把泡麵煮好的人。這種人煮出來的泡麵可能會有味道太淡、麵太爛等問題，或許還真的會有牙膏味也說不定。這種人煮出來的泡麵，大多只能得到慘不忍睹這樣的評價。

讓我們把煮泡麵的方法換成學習再思考看看。精通煮泡麵方法的過程，就像精通一門從未學習過的科目。我們藉由讀書、聽課開始學習一門知識，這是具體的經驗。此外，我們也會以事前獲得的知識為基礎，努力理解該知識的內容，這則是反思的觀察。接著我們會練習解題、訂定報告主題並深入思考，推測「如果用這種方式活用這些內容會如何？」這個階段則是抽象的假設。實際上解題、寫考卷、正式提交報告是活動的實驗。接著透過計分、批改或稱讚等形式，獲得針對上述成果的回饋，這便是再度回到具體的經驗這個階段。

經過這個四階段的循環，學習的內容便會儲存在腦海中，重複這個循環的同時，記憶也會漸漸更加深刻。同理，若遺漏任何一個階段，學習內容便無法完全進入腦海。就像口味太淡、麵太爛、有牙膏味的泡麵一樣，這樣的學習無法獲得好效果。我們必須記住，不依照大腦儲存記憶的循環來學習，那麼無論花費再多時間與金錢，我們的實力水準將始終都是一碗糟糕透頂的泡麵。

記憶的儲存過程，是幫助我們了解一人學習法的背景知識。掌握這個部分之後，就能更容易了解之後幾章的內容。在此，最重要的一點，就是大腦在儲存記憶時有個特殊的程序，若不遵照程序，學習的內容便不會進到腦中。許多人都沒能掌握這個部分，而這也是善於學習者與一般人之間的差異。

讀書時，大腦內究竟發生什麼事？

配合腦科學原理學習時，我們的大腦會發生什麼事呢？現在，試著想像自己是安裝通電話通訊纜線的公司總負責人。假設韓國還處在沒有電話、沒有通訊線路的狀態，現在必須要首度安裝這些設備。那麼只要依照以下的順序，就能讓通訊纜線慢慢遍布全國：

一、設置基礎通訊纜線

首先是建立基礎的通訊纜線。通訊纜線鋪設到一定程度之後，才會開始販售電話。例如：以首爾的情況來說，會先從人較多的地區開始鋪設通訊纜線，接著再開始打廣告：「賀！首爾地區完成開通！現在你也能使用電話了！」

二、民眾申請安裝

人們開始使用電話，安裝電話的申請也不斷湧入。人們開始要求電信公司到自己居住的社區鋪設纜線，或希望能透過電話與其他縣市通訊。我們以人們的要求為基礎，繼續鋪設通訊纜線的作業，我們會先把員工派去最多人提出要求的地方鋪設通訊纜線。

三、通訊纜線「延長」，連接據點「增加」

鋪設通訊纜線的區域越來越多，在這過程中會發生兩件事：通訊纜線變長，連接通訊纜線之間的據點增加。過去只拉到首爾市中浪區的通訊纜線，現在延長到京畿道九里市，首爾地區的通訊纜線也與釜山地區的通訊纜線相連。透過通訊纜線的延長與連接這兩項工程，韓國的各個角落都完成通訊纜線鋪設，終於全國所有人都能透過電話傳遞彼此的消息。

四、發明新技術

但隨著全國通話量增加，人們開始有了新的要求，電信公司開始收到希望改善通話品質的抱怨，這些要求主要來自通話量較大的地區。因為越來越多人使用通訊纜線，使得纜線負荷過高，通話總是延遲或中斷。我們為了解決問題，開始尋找改善的方法，最後找出了一個超棒的解決方式。我們發現用特殊的物質包覆通訊纜線，就能有效提升通話品質。那要怎麼做呢？用特殊的材質當成皮膚包覆住銅製的通訊纜線，就能防止電子訊號外漏，讓訊號完整傳遞到另一端，且包得越厚效果越好。

五、以通話量較大的地區為中心，開始包覆纜線的工程

我們立即組織一個新團隊，也就是包裹通訊纜線的專門團隊。這個團隊的員工，只負責找出已經鋪設好的通訊纜線，並用特殊物質包覆纜線。施工的順序會依照通話量來決定，於是韓國所鋪設的通訊纜線，便與通話量成正比逐漸變粗。這種施工方式，會使通訊服務的水準隨居住地區而出現差異。通訊纜線較粗的地區，人際間的通話品質清晰且快速；通訊纜線尚未包覆特殊材質的地區，人們則無法享受有效的通訊。無論如何，我們繼續遵循唯一的原則，依照人們的要求與通話量，持續進行延長、連接或加強通訊纜線的作業。

神經細胞、突觸、髓磷脂

如果你能輕鬆理解鋪設通訊纜線的故事，也就能順利理解學習時大腦中所發生的事情，因為這正是在我們大腦中真實上演的故事。韓國就是我們的大腦，通訊纜線就是神經元，通訊纜線之間的連結點就是突觸，而包覆用的特殊物質則是髓磷脂（Myelin）。**人與人之間通電話，是在大腦裡發生的情報傳遞；通訊纜線鋪設範圍擴大的過程，就像學習時大腦中所發生的事情。**

人出生時便帶著許多神經元，那些是不知道未來會如何使用，有著無限可能的神經元，就像開始販售電話之前先鋪設好的通訊網路一樣。隨著年齡漸長，部分神經元的確完全消失，但我們仍然擁有無數的神經元，而且一輩子都會保有它們，這也是潛力無限的證據。

學習是「將外部的刺激儲存為長期記憶」，因此，開始學習之後，我們會被來自外界的刺激所淹沒。無論是書中看見的視覺刺激，還是耳朵聽到的聽覺刺激，這些刺激會乘著神經元在腦中盤旋。這時尋找新情報該儲存在哪，或是情報之間彼此結緣的過程，會促使神經元改變，進而創造出新的神經元；既有的神經元也會變長，神經元之間會產生彼此連接的突觸。就像電話用戶增加之後，多鋪一點通訊纜線的要求也隨之而來，完成鋪設通訊纜線的地區逐漸變多之後，通訊網路就會擴大。通訊纜線延長，通訊線之間將能彼此連接，就是神經元的延長與連接。

在學習過程中，我們會重複接觸相同的內容。我們可能用一・五倍速重複觀看網路課程，也可能經常在習作裡遇到課本上出現過的內容。當我們能像這樣正確重複相同的內容時，與該資訊相關的神經元就會產生名叫「髓磷脂」的物質。用生物學的角度來解釋髓磷脂，就是「包覆神經元軸突的絕緣物質」，不過比其更重要的其實是髓磷脂實際所扮演的角色。

我們吸收的資訊，會化為非常微弱的電子訊號，乘著神經元在腦中傳遞，這就像是電順著銅線流過一樣。電子訊號順著神經元傳遞的過程中會外漏，使得資訊在中途消失或傳遞較為緩慢。不過我們**如果能確實重複相同的內容，髓磷脂這種物質便會開始包覆正在流動、乘載著情報的神經元。就像我們用絕緣外**

皮包覆銅線，髓磷脂會包覆神經元，減少電子訊號外洩，也因此訊號傳遞的強度得以增加，如此一來，資訊便能順著神經元更準確、更快速地移動。就像為了以通話量較大的地區為中心改善通話品質，使用特殊物質包覆通訊纜線一樣。

我會用「壬辰倭亂」與「一五九二年」來說明髓磷脂的形成過程。（編按：壬辰倭亂即萬曆朝鮮之役，是一五九二年至一五九八年間，明朝、朝鮮國與日本之間爆發的戰爭。）

第一次讀到「壬辰倭亂發生在一五九二年」這句話時，大腦中會形成一條連接「壬辰倭亂」與「一五九二年」的小路。構成這條路的神經元上，有很微弱的電子訊號流過，所以如果有人問「壬辰倭亂是在哪一年發生的？」你會必須稍微思考一下「那是什麼時候？」而這代表神經元傳遞的電子訊號洩漏了。但若複習「壬辰倭亂發生在一五九二年」這段內容，髓磷脂就會隨著複習而漸漸將神經元包覆，讓資訊能更完整地傳遞出去。「壬辰倭亂」與「一五九二年」之間，會出現一條更明顯的道路，接著我們再不斷透過那條路反覆交換資訊，包覆在外的髓磷脂便會越來越厚，最後促使「壬辰倭亂」與「一五九二年」這兩項資訊之間，能快速交換訊號。如此，即使沒有被具體問到「壬辰倭亂是在哪一年發生」，但只要想到龜甲船、幸州山城等與壬辰倭亂有關的事物，「一五九二年」就會立刻在腦海浮現。

用對方法，大腦性能就會變好

試著將學習時腦中發生的事整理起來會像這樣：每個人出生時，大腦中都擁有大量的神經元。開始學習後，資訊進入腦中並順著神經元移動。這些資訊可能會儲存成為長期記憶，也可能在沒能儲存的情況下流失。只要我們持續學習，且學習的方式符合腦科學原理，就能使腦中的神經元延長、相互連接。

就像如蜘蛛網般遍布全韓國的通訊網一樣，神經元與突觸將會越來越多。如果重複且準確地使相同資訊持續進入大腦，經常透過相同的神經元傳遞訊號，那麼包覆神經元的髓磷脂就會越來越厚。包覆神經元的髓磷脂越厚，經由神經元所傳遞的資訊就會越強、越快，大腦就能以極快的速度，妥善處理由髓磷脂較厚的神經元所傳遞的資訊。

現在，讓我們把目光轉向外部，來看看其他人的情況吧！

我們身邊經常有心算很快的人、有能迅速閱讀英文原文書的人、更有一聽到「法律制定程序」，就能立刻依序背出「❶國會議員會政府提出法案、❷經國會常任委員審查、❸經國會正式會議議決、❹議決需有過半數的在即議員出席且獲得出席議員過半數的同意、❺總統公布法案、❻公布二十天後生效」等各個階段的人。不過他們並不是天生就有這麼特別的才能，沒有一個人天生擁有「四則運算專用神經元」或「閱讀英文專用神經元」等客製化的配備。每個人出生時，都只有已經準備好開通啟用的通訊網，只是這個通訊網後來常被用於做四則運算，或做英語讀解相關的通話。

同樣地，無論在任何一個領域，某些人之所以擁有比一般人更高深的知識或技術、之所以比其他人更得要領，並不是因為他們天生擁有專門負責該領域的神經元。**他們只是透過一再的重複，使負責該領域的神經元、突觸與髓磷脂更加發達而已**。

簡單來說，學習時腦中的神經元會變長，進而造成彼此連接，同時，包覆神經元的髓磷脂也會越來越厚。在這裡我們必須記住，這件事代表我們的大腦擁有無限潛能。這件事告訴我們，我們越是學習，大腦的性能就會越來越好。

腦科學向我們證明人人都能把書讀好，前提是只要沒用錯方法。那麼，接著就來看看我們究竟做錯了什麼，以及學習時經常錯過的要點有哪些。

「專注」的眞正意義

前面我們認識了記憶儲存的過程，以及學習時腦中發生的事，以上都是大腦的運作機制。從現在開始，我們要以此為基礎，一一檢視我們過去在學習時究竟遺漏了這個機制中的哪些部分。

現在有A和B兩個人，A成績非常好，B希望可以仿效A，好讓自己能達到跟A一樣的程度。兩人坐在同一間教室裡，B得以仔細觀察A的一舉一動。在B看來，A上課時間非常認真聽講，這對B來說也具有重大的意義。他想到大學入學考試中那些考到全國榜首的人，總是異口同聲地說：「以教科書為主軸，忠於學校的課程」。

B決定從現在開始上課時間也要認真聽講，然後也決定要跟A看一樣的書，挑選參考書跟習作時，也會毫不猶豫地選擇A使用的版本。不僅如此，他也沒有錯過Ａ的讀書排程。無論是讀每一個科目的時間，還是每一天的預定進度，他都大致調整得跟Ａ一樣。Ｂ認為自己現在跟Ａ用相同的態度來聽課、用相同的速度讀相同的參考書，就好像是跟著可靠的導航前進一樣，非常放心。他認為只要跟Ａ學到一樣的東西，就能獲得跟Ａ一樣的結果；但真的是這樣嗎？

模仿別人的讀書行為，沒有意義

有一個Ｂ不知道的事實，其實這件事不光是Ｂ不知道，大部分的人也都未能察覺。**那就是在學習這件事情上，除了看什麼書、聽誰的課之外，還有其他更重要的事情，那就是「作業的方式」**。想必大家都聽過，知名的書法家不會責怪筆不好、優秀的木匠不會怪罪工具不順手等俗諺，而這其實都是在強調「作業方式」的重點，在於人而不是工具。學習也一樣，而且學習與書法、木工藝之間存在根本的差異。這是為什麼Ｂ難以追上Ａ的原因，更是人們誤會

Ａ與Ｂ的差距是因為「天資」的原因。Ａ「作業的方式」，也就是學習的方法，其實存在著一些我們看不見的部分。

學習是在「大腦」中進行的事情。我們能看見書法家寫書法時如何運筆，也能看到木工匠如何操作工具創作，但無論花再多時間聽課、畫重點、寫習作，學習仍舊是在個人大腦中進行的工程。所以，我們看不見其運作的過程，只能從對方坐在椅子上的姿勢、用心寫的筆記、翻書的速度，來推測他們作業的方式。也因此，當人們看見Ａ跟Ｂ同樣坐在同樣的教室裡、同樣用心聽講，就會推測他們在做「相同的事情」，並預測兩人會有相似的成績，但這樣的預測並不準確。

Ｂ無法藉由做些事情，輕易縮短與Ａ之間的差距。很多人會在這裡做出結論，認定兩人做了「相同的事」結果卻仍有差異，是由於「天資」不同。不過就如我們前面看到的一樣，這個結論大錯特錯。人們的預測之所以出錯，是因為整個脈絡本身就不對。事實上除了Ａ和Ｂ本人之外，其他人都無法得知他們究竟是不是做了「相同的事」，因為從外在無法觀察到他們真正的行為。

如果Ｂ沒有以「天資」為藉口放棄學習，而是繼續思考該如何才能讓自己更好，進而改善「作業的方式」，那會有什麼結果？Ｂ與Ａ之間的差距有可能縮小嗎？當然可以。我們已經在學校、職場、每一場考試中，無數次見證這些事情發生。而且當這些事情真的發生之後，Ｂ已經不僅是外在的行為跟Ａ一樣，是連大腦都用跟Ａ差不多的方式學習。我們已經在前面解釋過，那究竟是怎樣的一種方式。

那是按照大腦的記憶儲存程序、依照提升大腦性能的方法學習的方式。

Ｂ的故事其實可以套用在每個人身上。如果想變得跟Ａ一樣，不，如果想大幅超越Ａ，讓自己竭盡所能達到可能的高度，就必須配合大腦的運作方式及提升大腦性能的方法來做事。不過我們一直以來都沒有這麼做，這也就是問題所在。我們一直像空轉的車輪，而空轉會給引擎帶來負擔，也會消耗燃料，但卻完全不會推動車子前進。而不依照大腦運作的方式學習，只是漫無目的地努力，就像汽車空轉使引擎過熱、耗盡燃料一樣。用這種方式無論如何努力，都只能原地踏步。

一直無法讀好書的原因

再次重申，學習是將外部刺激儲存長期記憶的過程，為此，我們必須按部就班地依照大腦儲存記憶的程序去做，才能讓學習內容完全進入腦中。這個過程可分為具體的經驗、反思的觀察、抽象的假設、活動的實驗等四個階段。若要從這些學習原理當中，選出一個人們比較容易疏忽的部分，那應該就是反思的觀察。

反思的觀察是將新接收到的資訊，跟自己已知的知識進行比較與對照，進而理解新資訊代表什麼意思的階段；這是必須在「意識」中完成的過程。

以前面的學煮泡麵為例，料理方式中有「將五五〇毫升的水煮沸之後……」這樣的內容，如果想大概掌握五五〇毫升的分量，就必須動腦思考，這樣才能推論出「是比五〇〇毫升的礦泉水瓶再多一點的量」這個答案，進而得到「五五〇毫升」這個資訊所具備的意義。為此，如果在用眼睛閱讀「將五五〇毫升的水煮沸之後……」這個部分時只是看過去，腦中並沒有浮現任何這段文字所代表的意義，那就像只是用嘴巴逐句唸出難懂的英文句子之後，便直接帶過沒有深入理解一樣，不會有任何東西輸入大腦。

就像這樣，**當產生具體的經驗時，努力讓自己做到反思的觀察，就稱為「專注」**。其實在學校、教室裡、軍隊中、職場上等許多地方都經常提到「專注」，但卻很少有人真正知道這句話代表什麼意思。

那麼，究竟該怎麼做才能說是專注呢？是挺直腰桿，視線集中在一個地方嗎？不是。把對方說的話一一聽進耳裡、像拍照一樣把每一個字背下來，也都不能算是真正的專注。**真正的專注，是在閱讀「五五〇毫升」這段內容的同時，在腦中梳理其所代表的意義，也就是翻找之前所累積的知識，並聯想到「五〇〇毫升的礦泉水瓶」**。可惜的是，學習過程中有太多人並不專注，說得更準確一點，是真正專注的人並不多。如果想要做到真正的專注，就必須在讀書或聽課的同時，在腦中持續思考「這部分可以這樣跟之前學過的內容連結」、「這些內容跟那些內容原來有這樣的差異」。唯有這樣勤奮的專注，才能進入記憶的儲存循環。

我們看到一個真的很不會讀書的學生時，常會覺得學生是「根本沒有理解內容」。人們會無奈地想：「已經解釋這麼多了，這麼簡單為何還不懂？」、「你現在都幾年級了，為何還不懂這些？」你很好奇為什麼會有這種結果嗎？答案很簡單。只要一天花十二小時坐在教室裡，且聽課時不要做反思的觀察，就能獲得這種結果。簡單來說就是讓老師對牛彈琴，老師說的話左耳進右耳出，把聽課當成聽連續劇原聲帶，這樣一來課程內容等聽覺資訊，就不會被納入記憶儲存的循環中。簡而言之，無論花再多時間坐在書桌前讀書、聽課，若沒有做反思的觀察，便不會有任何效果。

沒有自然而然就會背起來這種事

有些人在讀書時，會期待「過段時間，就能完全把課本上的內容記起來」。這種想法，其實是期待利用下意識的重複閱讀，取代有意識的反思觀察。這一類的人認為，只要重複讀書、重複聽課，就能像《沈清傳》（編按：

朝鮮三大古典名著之一）裡的瞎子沈奉事突然重見光明一樣，讓學習內容徹底進入腦中；但這樣的期待其實是錯的，學習不能這麼做。

我並不是要說這種學習方式絕對沒用。其實一個把讀書當休閒活動，偶爾看看書的人這麼做固然無妨，不過如果是要考試、要就業、要提升能力，是為了一個特定目的而學習的話，那用這種方式絕不可能成功。

《找對方法就能讀出高分！東大首席律師教你超高效率學習法》（東大首席弁護士が教える「7回読み」勉強法）的作者山口真由，在她的書中提倡「不特別去背也能完全記住」的理念，也可以套用在這個原理中。

山口真由還在讀東京大學時，就已經通過司法考試與高級公務員考試，最後更以全校第一名之姿畢業。她透露自己學習的祕訣就是一人學習，並反覆閱讀直到將內容背起來為止。她表示，不需要想盡辦法記住書上的內容，只要反覆閱讀直到記起來就好，這是大家都耳熟能詳的方法。不過山口真由所說的這個學習祕訣中，其實已經用到反思的觀察這個技巧，只是大多數人被其他觀點所吸引，沒有注意到這點而已。她在書中是這麼說的：

「我們要用主動的閱讀啟動大腦。不要再像以前一樣，只是單純地讓資訊流過大腦，而是要在閱讀的同時，一邊自問：『這樣理解對不對？』隨著閱讀的次數增加，就能逐漸從被動的閱讀為主動的閱讀。七次閱讀並不是機械式地將文字輸入大腦，而是在閱讀的過程中，下意識地正確啟動思考並持續整理閱讀到的資訊。」

看了山口真由的這本書之後，有些人會期待不必特別用腦，只需要重複閱讀就能把內容背下來。不過仔細看就能發現，山口真由其實並沒有以這麼輕鬆的態度來面對學習；我們需要關注其中「在閱讀的過程中持續整理資訊」這句話。換句話說，山口真由所說的「只要持續閱讀就一定能背起來」，並不只是「單純的閱讀」。

我認為，有一個例子能明確凸顯何謂反思的觀察，以及說明專注學習代表什麼意義，這也是我認為最能解釋「真正的反思觀察」的例子。

這是一篇司法考試合格心得，該篇文章的主角，以榜首之姿通過大學入學考試並進入首爾大學就讀，接著在司法考試中同樣也以榜首錄取。這樣的人應該有資格被稱為「學習之神」。這個人跟大家一樣都坐在教室裡面學習，但究竟是做了什麼，才能獲得這種壓倒性的成功呢？

「就我的狀況來看，我在讀課本時，會努力找出該頁的概念或法理與哪一頁出現的哪些內容有**關聯**，或是有哪些其他的內容，可以作為此概念或法理的**依據**。我將課本裡的內容相互**連結**，在基礎概念與法理的彼此**連結**中，嘗試歸納出一個**系統**，並且做一些筆記。」

合格心得當中的這一段，是學生在解釋「我用這種方法專注學習」，而這整段內容就是在清楚地告訴我們，這位學生從個人的經驗當中，領悟到何謂真正的專注：主動閱讀、自問自答。再請數數黑體加粗的地方，就能知道一句話裡面有幾個「反思觀察式的行為」。也就是說，這名學生的學習方式，不斷將目前所閱讀到的新資訊，跟過去已知的其他資訊相互連結。

如果某些人沒有好好深入閱讀本書前面所提及的內容，或許會認為這個道理就像公民與道德課本裡的內容一樣，是人人都視為理所當然的學習方式。但他們要是知道這件事實行起來有多困難，肯定會徹底改變想法。

一般來說，學習法律的人會從頭開始依序閱讀法學課本，甚至曾經有法學教授建議：「不要去想任何方法論，每天去圖書館讀課本一百頁就好。」每天一百頁，是必須用一小時讀十頁的速度，連續十小時黏在書桌前才能讀完的分量。法律相關書籍在大學各科系當中，算是比較厚重的課本，一千頁是基本，更有一些書超過兩千頁。所以即使完全不休息，每天都讀十小時，讀完一本兩千頁的書也得花上二十天，而且這還只是一科的課本。如果把不同科目的課本合起來，可以堆成一個相當驚人的高度。即使一科只讀一次，也要超過兩個月才能讀完，所以學生也會有學習進度絕不能延宕的壓力。

在前面的合格心得當中，學生提到他會邊讀課本邊找出彼此有關聯的部分，也就是說他會反覆前後翻找，這樣進度當然會像烏龜一樣慢。而這也是為什麼這種看起來理所當然的學習方式，實行起來非常困難，而且也很少人實際使用的原因。但這同時也使這篇合格心得的主角，成為真正的「學習之神」的原因所在。所以即使在讀書時因為反思的觀察而拖累讀書進度，也不需要太過擔心，因為**真正的進度並不是每天讀的頁數，而是儲存在大腦中的資訊量**。

再次重申，我們必須完全依照大腦的記憶儲存原理學習，才能將學習的內容儲存在腦中，但很多人都遺漏了反思的觀察這個步驟。由於大多數人在這個階段都只是虛應故事，所以即使花費時間學習，實力也不會如預期提升。如果未來不想重蹈覆轍，那一人學習時該怎麼做？答案是必須真正的「專注」。讀書、聽講時要積極跟上進度，不要只是左耳進右耳出。同時也要持續在腦中思考，現在所聽、所看的內容，是否與其他部分有任何關聯。即使這種方式看起來很麻煩、進度好像很慢，我們也必須這麼做。因為唯有這麼做，才能使資訊進入大腦。

這雖然不輕鬆，但只要這樣「專注」，肯定會有所改變。你很快會體驗到邊思考邊學習的感覺，也會發現到自己的實力如雪球越滾越大那般逐漸提升。從結果來看，你花費在學習上的時間會比過去更少，但卻能留下更多資訊在腦中。沒有什麼自然而然就能背起來這種事，我們還是好好「專注」吧！

熟悉到可以教別人，才是真正的學會

這是《論語》的第一句話：「學而時習之，不亦說乎。」（學習並時常溫習內容，不是很愉快嗎？）

《論語》是孔子的弟子將孔子所說的話蒐集起來編纂而成的書。孔子是誰？是喜歡學習而「發憤忘食，不知老之」的學習達人。《論語》的第一句話，就足以代表孔子這個人。「學習並時常溫習內容」這一句話當中，濃縮了學習過程的循環。如果想確認自己學習時是否完全依照這個過程循環，那只要記得「學而時習之」這一句話就夠了。

有些人非常認真學習，他們在書桌前坐很久、姿勢端正、做筆記也很仔細，儼然是典型的模範生。不過要他們說明學過的內容，或是針對個人有疑問的部分向他們請教時，他們會瞬間腦袋一片空白。如果要他們做一個自己企劃一份作業的專案，他們會「像根不會說話的掃帚」一樣，整個人動彈不得。我們假設這種人是一號類型的人，還有一種人正好與一號類型相反。他們很積極提問、富有好奇心，無論是分組作業，還是在公司內部提出個人創意的腦力激盪會議上，他們都會經常提出「這麼做怎麼樣？那麼做不行嗎？」等疑問。這些行為雖然都能贏得讚賞，但如果仔細聽聽這些人說什麼，就會發現他們所提的內容實在是一團亂。仔細聽便會發現，這些人完全沒有思考，說出來的話就像隨手拿到東西便丟出來一樣隨便。我們可以將這種人假設為二號類型。

意識到這兩種類型的存在後，你會發現這兩種人意外地多。即使不完全是一號類型或二號類型，但只

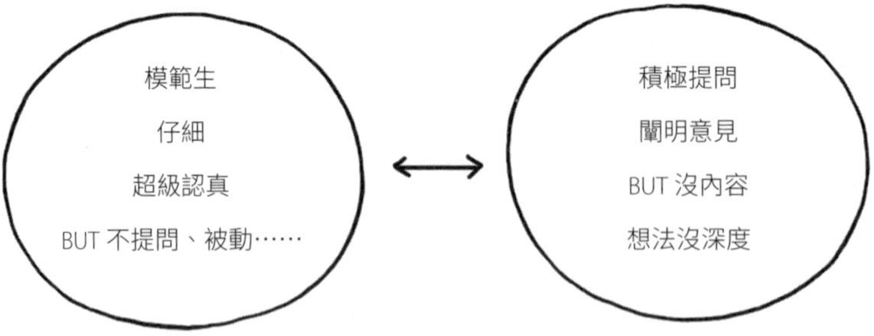

類型一　　類型二

要把歸類的標準放寬一些，就會發現其實生活中有許多具備這兩種特質的人。各位可以想一想自己屬於哪種類型，很少有人能自信地說自己不屬於其中任何一種。主要採填鴨式教育的韓國，一號類型的人應該會比二號類型多一點。至於為什麼會有這種傾向？是因為我們只側重記憶儲存過程的其中一半。

根據腦科學家的研究，大腦的結構讓我們能輕易將記憶儲存過程四階段倆倆拆成一組。「具體的經驗－反思的觀察」是一組，「抽象的假設－活動的實驗」則是另外一組。要進行同一組的作業多少會容易一點，不過彼此之間有一些距離的階段，例如：像從「反思的觀察」要連接到「抽象的假設」，就會有一點困難。

讀好書的雙翅，缺一不可

「具體的經驗」與「反思的觀察」較接近於「學習」。這是指在閱讀、聽課的同時，理解學習內容的過程。我們通常會將喜歡讀書與聽課的人，稱為「喜歡學習的人」。我們在具體的經驗這個階段時，也就是在閱讀或聽課時，腦袋會同時進行反思的觀察這個步驟，也就是會自然將目前接觸的知識，與之前獲得的知識相互比較、對照。當然，反思的觀察必須有意識地進行。像是我們讀到「水五五〇毫升」時，需要稍微刻意動一下腦，接著便會自然聯想到五〇〇毫升的礦泉水瓶。

至於**「抽象的架設」**與**「活動的實驗」則接近於「熟悉」**。試著想像一下你在解題，而寫這些題目的目的，在於確認是否已經熟悉數學公式或英文文法。腦袋會不斷假設「這樣代入就可以了嗎？」、「這句話可以這樣解釋嗎？」同時動手寫下腦中思考的內容。如果解到一半卡住，大腦便會建立新的假設，再依照這個假設重新解題。只要回想解題的過程，就能理解抽象的假設與活動的實驗，是兩個能自然串起來的階段。

話雖如此，從學習階段到熟悉階段之間，卻有必須跨越的差距。也就是說，反思的觀察與抽象的假說之間，會需要利用類似解題或做專案之類的過程連接。但對一般人來說，如果沒有接獲「運用已知的資訊解決這個問題」的外部指示，很少會有人主動去「整理三角形的五心」或比較「現在完成式與過去時態的差異」；只要刑法教授沒有要求同學「提出與過失犯罪有關的報告」，就幾乎不會有人花時間主動在腦中假設一個犯罪案例，判斷這該案例是否為過失犯罪。為什麼會這樣呢？因為**如果想熟悉自己學過的東西，就必須刻意付出一些努力**。

我們回頭看看前面說的兩種類型。一號類型是相對較為熟悉具體的經驗與反思的觀察等兩個階段的人，他們擅長把書上的課文、課堂上的內容記下來。但問題在於這些蒐集起來的知識，就像散裝的糖果一樣。而要將這些各自為政的知識連結在一起，變成全新的東西並不容易，這也可以說是應用能力與企劃能力不足所致。會有這樣的結果，是因為這群人疏忽了抽象的假設與活動的實驗，也就是他們雖然學了新知識，但對這些新知識還不夠熟悉。這可能是因為他們在學習時，絲毫沒有對學習內容產生任何疑問，也可能是寫的習作評量不夠多，或是少有機會做報告或專案等需要企劃的作業，可能的原因很多。為此，這些人如果想擺脫一號類型的標籤，就必須去嘗試自己一直以來沒做過的事情。

相反地，二號類型的人雖然認真完成抽象的假設與活動的實驗，但在具體的經歷與反思的觀察上卻相對較弱。這種人屬於沒有經過系統性學習，但還是很努力熟悉知識的類型。他們就像在寫報告時沒有深入查找資料，只用自己的想法憑空寫出一整份報告。用這種方式寫成的報告只是「故事」，沒有核心內容。而這些人若想擺脫二號類型的標籤，就應該有耐心地讀書、聽課、閱讀，並把這些內容記下來以累積知識。也就是說，他們需要多多坐在書桌前，進行我們一般人認為的「學習」，延長「專注」學習的時間才是正解。

就像鳥必須用雙翅才能飛翔一樣，想要把書讀好也需要學習與熟悉這兩個工具。意思是說，若想把書讀好，就必須完全依循大腦記憶儲存過程的四個階段，若無法同時兼顧學習與熟悉便無法把書讀好。最令人驚訝的是，兩千五百年前的孔子就已經知道這件事了，所以《論語》中才會出現這樣的警告：

「學而不思則罔，思而不學則殆。」（學習但不思考，將無法判斷事理；只思考但不學習則是很危險的事。）

這段話的意思是說，如果只是被動學習，卻不把學到的知識變成自己的東西，那就只會是一個知道很多知識的人；如果只是一人學習，卻不把費力累積起來的知識吸收內化，那就會像蒙古大夫幫人治病一樣，非常危險。

如何跨越學習與熟悉間的縫隙？

透過一號類型與二號類型的說明，我們應該可以掌握自己過去究竟遺漏了哪個階段，把遺漏的部分重新找回來。那麼我們究竟該怎麼做，才能在一人學習時兼顧學習與熟悉，不要遺漏任何一個部份呢？完整實行大腦記憶儲存循環四階段的核心，就在於刻意跨越存在於反思觀察與抽象假設之間的縫隙。也就是說，**一人學習時應該刻意做一些嘗試，讓自己能更熟悉書本上的知識**。

方法雖然很多，但原則都是要融會貫通。我們應該要在學完一項知識後，主動確認自己是否真的懂了。「❶閱讀、❷背誦、❸確認是否記起來」的三步驟原理在這裡也適用。我們可以寫評量習作、寫筆記、向朋友解釋、畫出思維圖或是留下一段整理的文字等。不然也有最簡單的方法：「把書蓋上再學」。簡單來說，相當於第三步驟的所有嘗試，都屬於「熟悉」的範疇。

擅長讀書的人都很擅長熟悉知識。其實只要擅長讀書，就已經能跨越學習與熟悉之間的那道縫隙了。擅長讀書的人會在熟悉的過程中發現尚待加強之處，並在補足該部分的同時逐漸變得完美，這樣自然不會有書讀不好的問題。讓我們來看一個例子，便能更明確瞭解熟悉的力量有多麼強大。

想必各位都有在看完電影後與人討論劇情，或是看完書之後寫下讀書感想的經驗。只是單純看完一部電影，跟看完電影後再和人討

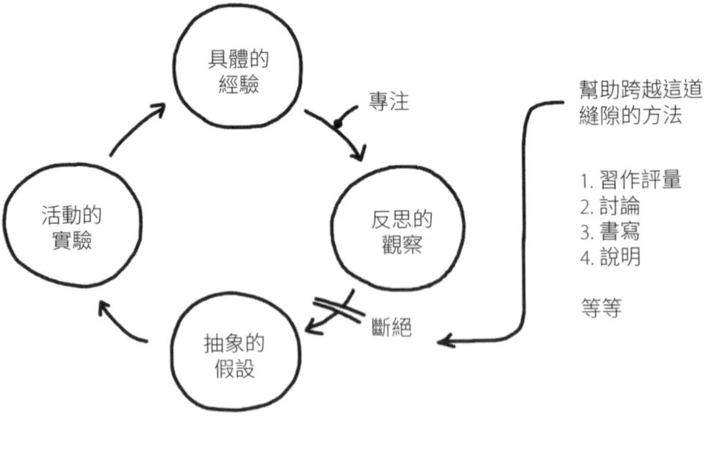

論劇情，過了一段時間之後哪一個會比較印象深刻呢？讀完就收起來的書，跟寫了讀書心得的書，過了一段時間之後哪個會比較印象深刻呢？通常都是後者。因為後者已經超越學習，進入熟悉的階段。這個簡單的例子告訴我們，**學習完後還必須花時間熟悉，才是完全走完記憶儲存的循環，讓知識存放在腦中。**

我還是大學生時，學校有保健所這個設施。保健所離我很近且掛號費也很便宜，所以每次有感冒之類的小問題時，我都會去保健所報到。那裡主要是年輕的公共保健醫生在看診，他們看診時非常仔細，這點和一般大醫院的醫生不一樣。他們甚至會向我解釋我聽不懂的地方，例如：我只是因為感冒全身痠痛去保健所，他們會向我解釋說：「這是感冒造成的痠痛，我會開A、B、C三種藥給你，A這種藥有哪些成分，特徵是這個，會有這些副作用。一起處方的B則有這些成分……。」起初我只覺得保健所的醫生特別親切，但某天跟我一樣去保健所看診的朋友，看到醫生的行為卻說：「他們是為了幫助自己學習，才花這麼多時間說明。」**學習效果最好的人，其實是教授這項知識的人，因為教導他人是一種高強度的熟悉活動。**試著教導他人了解一項知識，就能立刻掌握自己懂與不懂的部分。如果腦袋裡沒有任何知識，便不可能將知識教授給其他人。

那時，我突然想起自己高中時經常幫朋友解答課業問題的這件事。每次同學問我課業問題，我總會詳細說明，即使對方沒有詢問相關內容，我還是會積極跟他們分享相關資訊。為什麼我會這麼做？當然肯定是希望朋友們都可以學得更好，不過這同時也是因為當時的我很清楚，多教別人一次，那些內容就更不容易忘記。得到解答的朋友很感謝我，而我同時也很感謝他們問我問題。這是一個小小的訣竅。

一人學習時，如果有經常忘記的部分，就算是刻意找人來教，也一定要試著講給別人聽一次，因為教過之後就不會忘記了。美國經濟學家亞當·格蘭特（Adam Grant）在《給予》（*Give and Take*）一書中指出：「經常給予的人將會成功」。這句話無論從學習本質或大腦運作的角度來看，都正確無誤。

停止籠統的學習方法

我們都知道，即便分數相近，還是有些人的能力比較突出；同系的同學中，也有些人較為優秀；一起做作業修同樣學分的朋友中，也有人比較出色。這些特質雖然無法透過分數、等級或學分看出來，但的確有人比較優秀。所以在本章的最後，我想從髓磷脂形成的角度，來點出我們一直以來遺漏的部分。

如同前面提到的，髓磷脂是包覆神經元的絕緣物質。髓磷脂越厚，神經元的電子訊號就越不會外漏，能用更快的速度傳遞更強的訊號。

在就業面試時遇到難題也能掌握回答的訣竅、遇到數學奧林匹亞競賽等級的難題也能順利解開、能夠津津有味地閱讀極厚的人文學古書等，存在於世界上的所有「出色」表現，其實都是由這層厚厚的髓磷脂所創造出來的奇蹟。

更準確地說，髓磷脂是在「相同的」電子訊號重複流過神經元時，才會一層層變厚。換句話說，就是「重複」和「一模一樣的訊號」。這裡就點出一件我們一直遺漏的事：**必須要「重複」且必須是「一模一樣的訊號」**。

許多人會對學習沒有自信，應該就是漏掉其中一項，或是兩者全部沒有做到。其中「重複」這個部分，我們將在第三章做更詳細地說明，在此先聚焦於「一模一樣的訊號」這一點。為了解是一模一樣的訊號代表什麼意義，我將以高爾夫球舉例。

分數相同不表示實力相當

想提升高爾夫球實力，最重要的動作就是揮桿。揮桿雖然看起來很簡單，但卻有許多人花費大量金錢與時間，只為了做好這一個動作：手臂的角度、身體轉動的動作、將球打出去之後的姿勢，甚至連十根手指頭該如何握住球桿等，每一個細節都至關重要。

為了熟悉最理想的動作，人們會一點一點地矯正姿勢，一天練習上百次揮桿，他們的目標是無論何時在哪裡揮桿，都能做出理想的完美動作。也就是說，真正有實力的高爾夫球選手，每一次揮桿的動作都會完全一致，即使拍下上千次他們揮桿的樣子再全部疊在一起，看起來也會像是同一張照片。為了能做出一模一樣的動作，他們不斷接受矯正，而這正是發送一模一樣訊號的練習。

學習與高爾夫球揮桿並沒有太大不同。我們必須送出一模一樣的訊號，與該資訊相關的神經元外所包覆的髓磷脂才會變厚。例如：國中時我們都學過「三角形的內角和是一八〇度」，但針對該內容所送出的訊號準確度卻人人不同。有些人非常精準地理解這個概念，他們會一邊寫出類似數學課本裡的驗證過程，一邊向他人說明三角形的內角和是一八〇度這件事。不過也有些人只用眼睛讀過驗證過程，大致了解一下是什麼情況之後，背下三角形的內角和是一八〇度這個結論就帶過。這兩種人的神經元外所形成的髓磷脂，厚度自然會不一樣。

學校期中考很可能不會問三角形內角和的完整證明過程，也就是說學校的期中考題並不困難。所以透過神經元送出一模一樣訊號的人，跟送出馬馬虎虎訊號的人，或許同樣都能在學校期中考拿到一百分。這樣的結果，也會讓人覺得似乎沒必要讓神經元發送這麼精準的訊號。不過即便同樣都是一百分，也不代表兩個人的實力相同，只是這次考試沒能看出實力差距而已。換言之，雖然同樣都拿到一〇〇分，但實力（髓磷脂的厚度）卻不一樣。如此的差距，當考試題目很難時，那麼立刻會在分數上看出有意義的落差。這也是為什麼每年大學入學考試的問題難易度，都可能會讓分數在前段的同學吃虧，讓分數在中段的同學獲益的原因。

人們在拿到好分數的當下都會很開心，但這其實是錯誤的態度。因為如果你用馬虎的態度學習，卻仍能到不錯的分數，就應該要認知到自己其實只是運氣好，才拿到這麼好的分數。長遠來看，最後的成果終究還是取決於你真正的實力。

而考題要是出的很難，就能鑑別出實力的差距，也能讓更有能力的人進入有能者的集團、進入更高等級的學校、晉升到更高等的職級。我曾親眼目睹朋友國中時成績還不錯，但到了高中就漸漸退步的事情，也看過跟我同一梯進公司的人，工作能力隨著年資不斷精進。而這就是停滯者與精進者之間的差異。這也讓我們了解到，為什麼有中國餐廳的主廚做了十年炸醬麵，手藝仍然原地踏步，但也有人只是從廚房雜役做起，最後卻能成為一流餐廳主廚。

總是馬馬虎虎、隨便發送訊號的人，跟每次都精準發送相同訊號的人之間，就存在著這樣的差距。髓磷脂的厚度差異是不會騙人的。

如何讓神經元上的髓磷脂變厚？

那麼，一人學習者該怎麼做才能讓髓磷脂變厚呢？重點就在要戰勝想打馬虎眼、虛應故事的誘惑，並持續發送精準的訊號。

首先，從一開始就要養成正確的讀書習慣。例如：在學「熵的法則」或「極限效應的體感法則」等第一次接觸到的觀念時，我們必須用工匠拆解時鐘，修理好後再把每個零件精準放回原位的心情來學習。也就是說，我們不能遺漏課本上的任何一個詞，必須「完全」了解書上的內容。時鐘只要少了一個小零件便無法運作，而學習也必須像組裝時鐘一樣嚴格。

其次，必須特別規劃時間，刻意進行精準學習的練習。以前英文老師曾經要求我們，將課文一行一行抄下來練習閱讀理解。老師給我們一段英文文章，要求我們把自己當成翻譯，一行一行寫出每一句英文的意思。起初我以為這和一般的閱讀測驗沒有什麼差別，但實際做了才發現沒那麼容易。

我們面對大學入學考試的英文題目或多益閱讀測驗時，都只要求閱讀能力可以大致讀懂問題的導文，能猜出答案就好，這是一種配合考試所做的學習。不過如果繼續用這種方式學習，就無法培養精準的讀解能力，未來需要閱讀長文或原文書時會很難跟上。所以當我們無法完整地將該學的部分全部學起來時，就必須特別規劃時間，練習讓神經元發送精準的訊號。

當然，要發送精準的訊號也不是件容易的事。試想，廚師要能精準地把每一片蘿蔔都切成一公釐，怎麼會是一件簡單的事呢？當然必須專注練習避免犯錯，才有可能達到這個成果。你可能會很擔心，要像拆解時鐘一樣仔細學習也許會花很多時間，不過我們必須依照大腦的運作方式學習。**學習並不能用條條大路通羅馬的觀念來理解**，不是「某種方法可以快速增進實力但進度會很慢」，但「另一種方法能快速推進度，卻很容易把學過的東西忘記」，而是只有一個方法有效，其他的方法皆無效。

事實上，**只要沒有依照大腦的運作方式，學習就是無效的，學過的東西就不會留在記憶中**。在這種情況下，追上規定好的進度又有什麼意義呢？所以準確發送一模一樣的訊號，並找出方法能幫助神經元更快速、更頻繁地發送這個訊號，才是我們唯一的選擇。我敢保證，只要你開始用這個一直以來被我們疏忽的方法一人學習，最後會發現自己的實力進步得比預期更快。

本章重點

- 學習是「將外部的刺激，儲存成為腦中的長期記憶」。
- 感覺記憶是透過視覺與聽覺感受之後就會消失的記憶，也稱為超短期記憶。短期記憶會持續幾分鐘到幾小時，稱為工作記憶。長期記憶則能夠持續一天以上，是較為長久的記憶。
- 記憶儲存是一種物理現象。記憶發生在腦中的神經元，有了記憶之後，神經元的形狀會改變。而神經元與神經元連結的部位稱為突觸。
- 儲存記憶的四階段分別是：「❶具體的經驗、❷反思的觀察、❸抽象的假設、❹活動的實驗」。記憶是在這個規律不斷循環下產施的成果，如果沒有完整經過這四個階段，便無法將學習到的東西完整儲存成記憶。這是大腦儲存記憶的規則，也是學習的過程。
- 事實上，我們完全無法掌握別人如何學習，因為學習是在腦中完成的作業。想要把書讀好，就不能只是模仿別人的行為，還必須配合大腦的運作模式。

- 人天生就有許多神經元。開始學習之後，外部的刺激進入腦中使神經元變形、產生突觸。在這過程中若重複相同的刺激，與該刺激有關的神經元就會產生髓磷脂。
- 髓磷脂是「包覆神經元軸突的絕緣物質」，當一模一樣的訊號重複流過神經元時，包覆在外的髓磷脂就會逐漸增厚。髓磷脂越厚，神經元傳導訊號的速度就會越快。在心算、英文閱讀等所有領域，神經元與髓磷脂都能使人變得比他人更出色。
- 髓磷脂在一模一樣的訊號流過神經元時變厚，所以用馬虎的態度學習，那無論坐在書桌前的時間再久，髓磷脂都不會變厚。我們需要精準地理解學習的概念，並且刻意花時間做與課本上一模一樣的練習。
- 產生具體的經驗時，也必須努力做到反思的觀察。反思的觀察就是刻意持續思考現在所學的內容，是否能與其他部分連結在一起。這也稱為「專注」。若不做反思的觀察，學習的知識便無法進入大腦的記憶儲存循環，該內容便不會留在腦中。因此，絕對沒有什麼不用思考，久而久之就會自動背起來這種事。

- 具體的經驗與反思的觀察類似「學習」，而抽象的假設與活動的實驗則類似「熟悉」。人腦的結構很容易認為「學習」與「熟悉」是分開的兩個部分，但其實如果想把書讀好，那學習與熟悉缺一不可。
- 更加「專注」，讓髓磷脂獲得更多「重複」的訊號，「挑選」自己不熟悉的部分練習，才能說是依照大腦的運作方式學習，這也是能讓一人學習者更有效率的學習方法。

第三章

貫徹「一人學習」的五大原則

掌握學習大原則，才能終生受用

現在，是時候來具體談談該如何學習了。在此要談的並不是細節的要領，而是會以大原則為主要的內容。雖然也會同時提供實踐原則的詳細要領，不過核心還是以大原則為主。為什麼不談論要領，而是談論原則呢？原因很簡單，那就是因為原則勝過要領。

世界上有很多學習方式，但大部分都只是將核心原則套用在個別的狀況之下，進而創造出來的要領而已。即便那些方法乍看之下非常有效，但實際去做就會發現結果不如預期。人們拼命尋找適合自己的讀書方式，卻始終不見成效的原因，就在於人們執著的都是要領而非原則。因為不知道方向，所以徬徨。

第一個原則是「運動」，我會說明為何我如此肯定學習必須從運動開始。

第二個原則是「目標」，我將介紹設定目標的方法，以及如何使目標更加清晰。第三個原則是「重複」，可囊括所有學習方式的唯一一個究極祕訣就是重複，我們將了解重複的力量。第四個原則是「深度專注」，我們將討論如何透過專注的三個條件，顯著提升學習品質。最後一個原則是「零碎時間」，我們將掌握如何能擁有充足的睡眠、充足的玩樂時間，也同時能把書讀好的要領。

其中，因新冠肺炎影響而使一人學習時間遽增的人，必須特別關注的原則就是「運動」與「專注」。身體的活動量一旦減少，大腦也會比較不活躍，所以我們需要花更多時間刻意活動身體。此外，獨處的時間其實就是不受干擾，能夠提升專注度的時間，沒有比這更適合活用專注這項原則的機會了。

以上五點就是一人學習者所需要的學習原則。了解並實踐這幾個不變的原則，就不需要煩惱學習的方法了。因為方向對了，就一定能抵達終點。

學習始於「運動」

村上春樹、正祖大王、李奧納多・達文西、毛澤東、檮杌金容沃（譯註：韓國知名哲學家）、歐巴馬……，這些都是相當知名的優秀人士。他們所處的時代、所處的國家都不一樣，但他們之間的共通點是什麼？就是都對「運動」有著獨到的見解。

寫下《挪威的森林》與《1Q84》的村上春樹，是每年都會被英國的賭徒們預測為諾貝爾文學獎的得主，有實力問鼎諾貝爾文學獎的國際知名小說家，與此同時，他也是知名的馬拉松跑者，每年都會參與包括波士頓馬拉松在內的許多全馬比賽，甚至出版跟跑步有關的書。村上春樹在自己的散文中曾透露他為自己寫的墓誌銘是「作家，以及跑者（Runner），至少不是全程走到最後。」一九四九年生的村上春樹不僅年過六十仍繼續跑馬拉松，甚至還將運動的領域拓展到游泳與自行車等鐵人三項上。

建造水原華城，帶動朝鮮後期文藝復興的改革君主正祖大王，其實也是當代最優秀的武人。朝鮮時代射箭的單位稱為巡，五支箭稱為一巡。在朝鮮時代的國防體系當中，最重要的武器就是弓箭，通常射三巡，也就是射出十五支箭且有八支箭中靶的人，就會獲得認可。那麼正祖大王的射箭實力如何呢？根據官方紀錄，他射十巡，也就是射出五十支箭，其中有四十九支箭會中靶。剩下的那一支並不是沒射中，而是連續射中了四十九支箭，基於謙虛而刻意將最後一支箭射空。

李奧納多．達文西（Leonardo da Vinci）是畫家、科學家兼工學家，是知名的萬能型天才。不過很少有人知道，為了支撐他天才般的作業產能，他將身體鍛鍊得非常健壯。據說達文西的力氣很大，能單手控制馬的韁繩。在佛羅倫斯若有人說達文西的力氣只能排第二，肯定會讓達文西感到難過。

毛澤東是人生經歷過眾多大風大浪的中國國家主席。掛在北京天安門正中央的那幅巨大肖像，畫的正是毛澤東。一次，他健康狀況不佳的傳言甚囂塵上，國家掌權者重病總會掀起巨大的話題，他為了讓人們知道他的身體很健康，便脫下衣服跳入揚子江。游了足足三十里（約十二公里）橫渡揚子江後，他說：「人們都說揚子江是條大河，但不必因為它大而懼怕它。這世上有很多巨大的東西，但實際上都不算什麼。」這件事發生在一九六六年七月十二日，當時毛澤東已經七十三歲了。

檮杌金容沃是韓國當代的哲學家兼思想家，透過書籍與講座帶給我們許多教誨。一九四八年生的他，光是在西元二〇〇〇年以後出版的書籍就超過五十本。他參與許多講座的同時，也活躍於電視節目，更發表許多個人智慧的結晶。要怎麼樣才能做到這麼多事呢？祕訣就在於嚴格的體力控管。檮杌先生的家中，有鍛鍊體力用的雙槓，就是會在學校運動場看見的鐵製雙槓。他至今仍會利用雙槓進行擺動、倒立。

最後，是美國第一位黑人總統巴拉克・歐巴馬（Barack Obama）的故事。他在自傳《歐巴馬的夢想之路》（*Dreams from My Father*）中，坦承自己在年輕時曾經吸食毒品，成績也並不好。某天，他突然對「肉體的健康促進精神的健康」這句話很有感觸，於是開始每天跑三英里（約五公里）。就這樣開始運動的歐巴馬，人生有了徹底的改變。他選上總統之前，在全國跑競選活動時，隨行工作人員最重要的工作之一就是幫他預約健身房。無論是清晨還是深夜，歐巴馬每天都一定會運動九十分鐘。歐巴馬曾說自己「不運動時便是辭世之時」，即便是總統就職典禮當天，他仍然在白宮運動。

培養運動習慣，是讀好書的第一步

或許讀到這裡，會讓某些人感到意外「為什麼學習和運動有關呢？」其實，我在意識到運動的重要性之前，也認為運動與學習沒有任何關聯性。高中時大家都認為擅長讀書的人，肯定都是不運動的「書生」。我記得我們甚至還開玩笑說：「會不會以後進到首爾大學反而當上體育社團的主將？」當時之所以會這麼說，是因為我獲得導師的許可，在晚自習時間的晚上九點，可以在學校運動場跑二十圈。而開始跑步之後，我的課業成績也進步了，我本來以為自己是要流點汗才能把書讀好的特殊體質；殊不知，當時已經體會到真理，卻不明白原來那就是真理。

進到大學之後，我立刻意識到「只會讀書的書生」究竟是多麼誇張的刻板印象。一進到大學之後，我發現自己的運動能力在同學之間甚至無法排上中段。除了讀書之外，擅長、享受、按時運動的人多到數不清。在大學入學考試考到全國榜首的學長，從高中就開始上健身房，身材就像動作片演員一樣好。而另一位還沒畢業就通過國家會計師考試的學長，甚至還參加健美比賽得獎。我一位小時候曾當過游泳選手的同學，則是一直在學舞、學芭蕾，不斷精進自己的舞藝。早上校內綜合體育設施裡擠滿了學生，到了晚上，四公里長的校園循環道路上，則滿是慢跑的住宿生。我到那時才明白，要流點汗才能把書讀好不只適用在我身上，更是適用在每個人身上的真理。

為此，**給一人學習者的第一個原則就是運動**。我敢說，學習始於運動，想把書讀好的人，就必須從運動開始。你仔細想想，剛才提到的那些名人，是在忙碌的生活中「仍然兼顧運動」才成功的嗎？不是，正好相反。他們並不是兼顧運動仍然成功，而是「因為運動」所以才成功。

這裡的運動，並不完全是指上健身房或到報名游泳班等。走很多路、在家裡做徒手運動、不斷擺動身體都算是運動的一種。如果你現在突然想到一個沒有在運動卻仍十分成功的人，那我想告訴你，如果那個人從現在開始運動，他的成功肯定能更巨大、維持更久。

無論如何，都要找時間運動

自己一個人學習的人，必須排除萬難把運動當成學習的第一個原則。許多人都忽略這件事，只把運動當成是「最好可以兼顧，沒有也沒關係」的事情。然而，如此一來等於是第一個釦子就扣錯，所以才會讓實力原地踏步。運動之所以這麼重要的原因很簡單，因為**所有獨立的基礎是經濟獨立，而所有能力的基礎就是肉體能力**。學習、藝術、經營事業、人際關係、做家務等，無論哪個領域、無論做什麼，只要想做好一件事，就必須有良好的身體條件。拖著虛弱的身體，卻想要持續創造高水準的出色成果，幾乎是不可能的事。

為了讓各位明白事情真是如此，我們再來看看兩件大家以為只需要動腦就好的事情。

首先是圍棋。圍棋看似與肌力、耐久力、柔軟度等毫無關聯，只要有坐著把棋子放到棋盤上的力氣就好，但真是如此嗎？我以前對「為什麼最厲害的圍棋棋士，不是留著白色長鬍鬚的爺爺，而是朝氣蓬勃的年輕人」這件事感到很好奇。我認為「想把圍棋下好，就必須要有足夠的經驗，而經驗的累積與歲月成正比，所以年紀越大圍棋就下得越好」。而這個疑問，在我聽了韓國第一代圍棋國手趙南哲先生的話後便豁然開朗：「年紀越大體力就越差，很難預測到三十手之後的事情。因為在體力上輸給年輕人，所以年紀大了之後開始登山鍛鍊體力的人，勝率反而更高。」

接下來再看看寫作。通常我們也會認為，寫作只需要坐著動筆就好，是一件只需要動腦就能完成的事情，這也是「知識勞動」這個詞所代表的意義，不過真正在寫作的作家卻有完全不同的見解。原本在經營爵士酒吧的村上春樹，把店收掉轉行當作家之後，首先決定開始培養的習慣就是每天跑十公里。他在《身為職業小說家》一書中提到：「為了寫作能夠持久，最重要的是必須有充足的體力」。撰寫《老人與海》的海明威（Ernest Hemingway）也靠拳擊鍛鍊身體；韓國小說家金衍珠同樣也稱自己是「會跑步的小說家」。

另外，透過小說家趙廷來的故事，我們就能清楚明白運動對寫作來說有多重要。他為了完成大河小說三部曲《阿里郎》、《太白山脈》、《漢江》，二十二年來每天花費十五小時寫作。在這漫長的歲月中，為了維持體力，不失去寫作的節奏，他認為最重要的就是運動。而他做哪些運動，又是如何運動的呢？他很難額外撥出時間運動，所以他每天會坐三次簡單的徒手伸展。早上、中午、晚上，甚至連人在國外的時候，只要到了運動時間，即使人在飯店大廳，也一定會開始做起徒手伸展。

除此之外，由韓國漫畫家尹胎鎬創作的網漫《未生》，在改編成連續劇之後廣受歡迎。故事中有一位老師給了主角這樣的建議：「如果有想實現的願望，就先鍛鍊體力吧！」**如果你有真正想要的東西，那就要從體力開始鍛鍊起；**

如果想把書讀好，就必須從運動開始。「只會讀書的書生」這個形象不僅與現實不符，更是會妨礙學習的危險錯覺。如果你有這種錯誤的刻板印象，那你就會在不知不覺間離運動越來越遠。沒有只會讀書的書生，如果真的有這種人，那你應該立刻勸他，告訴他這樣下去無法堅持太久，要運動鍛鍊體力，才能把書讀得更好。

人們看見擅長運動又會讀書的人，通常會說：「他竟能兼顧運動又能把書讀好」。不，其實這句話錯了。不是「兼顧運動」又把書讀好，而是「因為運動」才把書讀好。決定開始一人學習的每個人，都應該立刻穿上自己的運動鞋去運動。如果不運動，那就根本不該把書打開。我們都應該把運動當成「排除萬難，必須優先去做的第一要務」。

考生更應該規律運動

無論面對任何考試，除了準備正規的考試科目之外，考生們也必須把「運動」這個科目加進準備事項中。獲得巨大成功的人、在學業上有所成就的人、我大學同學們的經驗，都讓我更明白這件事。然而，這不是只適用於特定人士的想法，而是有客觀驗證的研究結果所支持的理論。

美國哈佛大學腦醫學家約翰・瑞提（John Ratey）教授所寫的《運動改造大腦》（*Spark*）中，就曾提到一件令人驚訝的事；這件事情與美國伊利諾州的內珀維爾（Naperville）二〇三學區有關。

在這裡，每天早上七點就開始上課，那段時間被稱為「第零節」。這堂課和一般的體育課有點不一樣。

學生們學的不是運球或跑步，而是穿戴心跳測量裝置到操場上跑步。他們不是花時間學特定的運動技巧，而是做會流汗的有氧運動。在這堂課上跑第幾名、幾號賽道跑了多久一點都不重要。學生的成績取決於他們有多認真，而認真的程度可以從心跳測量裝置的數字看出來。內珀維爾二〇三學區開始實施這種特殊課程的原因，單純是為了照顧學生的健康。由於肥胖的學生比例快速增加，他們為了因應這個問題才實施這項規定。起初大家認為，要依照目標讓學生的腰圍數字縮小不會花太多時間，但接下來卻有個令人意外的結果，那就是學生的成績突然開始變好了。

成績提升與運動之間的關聯，可以用第一節的閱讀課來證明。某天，老師們發現有上第零節體育課的學生，閱讀能力提升的速度，比沒有上那堂課的學生快上許多。為了瞭解這個現象是否與體育課有關，便將部分學生的閱讀課挪到第八節。他們發現，雖然閱讀課的內容一模一樣，但第一節上閱讀課的學生，成績比第八節上閱讀課的學生更好。這證明了運動完後學習，可以放大學習的效果。

接下來，又有其他的結果驗證這個結論。在大學入學考試當中，內珀維爾二〇三學區的學生，開始超越伊利諾州學生的平均分數。二〇三學區的學生花在教育上的費用，較伊利諾州其他學校的學生少，但結果卻更好。最令人驚訝的結果是國際數學與科學教育成就趨勢調查（TIMSS, Trends in International Mathematics and Science Study）。TIMSS 是國際教育成就評價協會以四年為周期進行的數學、科學成就變化研究。我們不時會在新聞上看到「韓國學生學業能力全球第幾名」這樣的報導，那就是參加 TIMSS 的結果。一九九九年全世界有二十三萬名學生參與 TIMSS 考試，其中美國學生有五萬九千人。內珀維爾二〇三學區的學生希望學業成就能獲得客觀評價，故沒有以美國學生的身分報名，而是選擇獨自參賽。二〇三學區並沒有特別選出優秀學生，而是讓九十七％的學生參與這次考試。結果如何呢？相當驚人，內珀維爾二〇三學區的學生在科學考試獲得全球第一，數學則是排名第六，緊追在新加坡與韓國之後。那一年，美國的 TIMSS 成績是科學第十八名，數學第十九名。

此後，有更多人開始深入研究運動與學習之間的關係，也持續得出運動的人更擅長學習的研究成果。以下再分享一個極具代表性的巨大研究成果。

這是二〇〇〇年代在美國加州進行的實驗。實驗內容是連續五年調查超過一百萬名學生的資料，這些紀錄上有肺活量、體脂肪、肌力、柔軟度等體能的測驗紀錄。根據這項研究結果，我們發現運動能力優越的學生，成績比運動能力較不優越的學生高出了兩倍。例如：在體能測驗中只有一項通過標準的學生，數學平均成績是三十五分，而所有項目都通過標準的學生，數學平均分數則是六十七分。這結果很明顯。無論是內珀維爾二〇三學區的學生事例，還是加州超過一百萬名的學生事例，都告訴我們運動與學習息息相關。那為什麼會有這種結果呢？究竟為什麼做運動就能幫助學習呢？

運動與腦科學的關係

事實上，科學已經證實了為什麼要做運動才能把書讀好。如果想更精準地說明這個現象，那就不得不使用腦科學用語。不過就像即便我們不懂什麼叫直流電或交流電，還是能毫無阻礙地開關電燈一樣，即使無法百分之百理解下面的說明，仍然能穿上運動鞋去讓自己流流汗。

如果你至今都沒去運動過，那從現在開始就夠了。要運動才能把書讀好的理由有三個：

一、運動完後大腦會處在最佳狀態

大家都很清楚，運動會使心情變好。如果沒有規律的運動，那也可以試著去散步或登山。人們普遍認為，這是因為運動期間能舒展緊繃的肌肉，遺忘帶給自己壓力的事物。不過腦科學家認為這種現象有更明確的解釋，那就是運動能供應大腦新鮮血液，使大腦處在最佳狀態。

大腦使用的能量大約占人體總能量的三十％，而這些能量透過血液供應，換言之，血液在人體內同時扮演宅配送貨與清掃垃圾的角色。血液從心臟出發，將新進的氧氣與養分配送到身體的各個角落之後，載運著垃圾回到心臟，不過血液的運作並不會一直很順暢。偶爾會有宅配延遲、清收垃圾不順利的問題發生，那就是血液循環不順的時刻。若因此導致氧氣不足、疲勞物質累積在身體各個角落，身體就會變得沉重。如果這樣的現象發生在大腦，那會發生什麼事？會像使用雜牌引擎機油的汽車一樣，感覺車子好像運轉得不太順暢。也就是說這會使腦袋轉不太動，導致學習不順利、想不出任何新點子，更會失去動力。在這時不用說讀書了，更會以負面態度看待許多事情，感覺所有問題都巨大難解。

學習是大腦的工作，而工欲善其事，必先利其器，學習之前當然也必須讓大腦處在最佳狀態。我們每天都必須讓大腦在順利運轉、動力十足、感覺自己能做到一切的狀態下開始學習，而那個方法就是運動。以沒時間為由不運動，每天都黏在書桌前的人，就像以沒時間為藉口，每天開著沒經過維修保養的車子去參加賽車比賽一樣。既然無法用最佳狀態前進，學到的內容也不會進入大腦，自然漸漸失去動力。因此，每位一人學習者都必須從運動開始，透過運動使大腦處在最佳狀態，接著在那個狀態下把書翻開。當你自己判斷大腦狀態不太好的時候，就立刻從位置上起身，運動一下以供應大腦氧氣和養分吧！養成每天動一動的習慣，你肯定能以煥然一新的心情面對學業。

二、運動完後神經傳導物質濃度會增加

做完運動之後，大腦突觸的神經傳導物質濃度會增加。誠如前面所說，突

觸是神經元連接的部位，腦中的資訊是沿著有如樹枝一般的神經元移動。資訊在神經元內部移動時，就像沿著銅線移動的電子訊號一樣，不過經過神經元之間的突觸時卻有點不同。由於兩個神經元並不是彼此緊緊連接在一起，而是稍稍有點距離，就像是動作電影裡演員必須在屋頂之間跳躍一樣，兩個神經元之間是有距離的。因為在這裡不會有電流經過，所以必須將資訊以化學物質的型態透過傳接的方式傳遞。可以想成是在房子的屋頂上，把紙條綁在石頭上面丟到對面，上面寫有資訊的紙條，以及決定該紙條能丟多遠的物質，統稱為「神經傳導物質」。使我們激動的

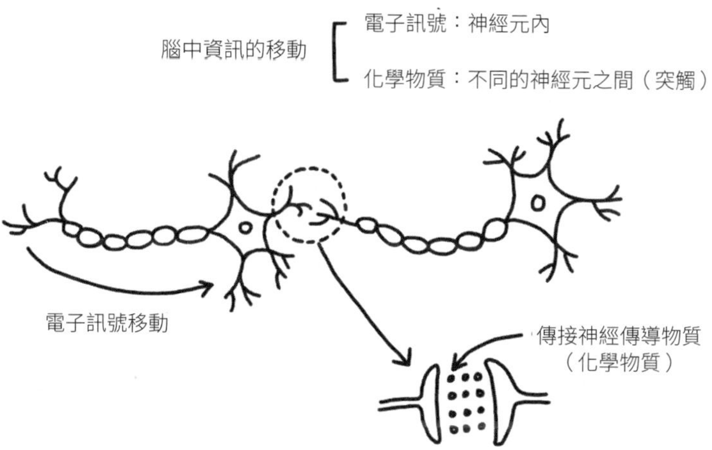

多巴胺（Dopamine）、使我們安定的血清素（Serotonin）、與認知作用有關的正腎上腺素（Norepinephrine）等，都是最具代表性的神經傳導物質。

實際上準確地說，不僅是濃度增加，神經傳導物質之間也會更為平衡，也就是說大腦的運作會更順暢，讓我們在屋頂之間可以更有效率地傳接更多的紙條，進而使許多情緒問題也迎刃而解。其實我們經歷的情緒問題，很多都是因為神經傳導物質的平衡遭到破壞。美國杜克大學的科學家，就曾經在二〇〇〇年十月的《紐約時報》（*The New York Times*）上，發表運動效果比使用抗憂鬱劑更好的研究結果。腦科學家約翰·瑞提也曾說：「如果有人開發出比運動效果更好的抗憂鬱藥，那就可以說是百年罕見的大成功。」

一人學習者不能讓自己的能量被憂鬱症、不安等情緒消耗搶走，同時大腦也需要能專注於眼前課業的覺醒。簡言之，就是必須變成「屁股黏在椅子上，整顆頭埋進書裡」的狀態。這樣的狀態就能調節神經傳導物質，而運動就是最能有效達到這個目標的方法，這也是為什麼每位一人學習者在開始讀書之前都應該先去運動的原因。

三、運動能幫助神經元成長

任職於加拿大麥基爾大學的一名心理學家帶了幾隻實驗用鼠回家，要他的子女把這些老鼠當成寵物養幾天。當時實驗室的管制還很鬆散，所以並沒有針對這些事做出規範，但這件事卻帶來了意外的結果。

心理學家發現，這些在家中盡情奔跑後再度回到實驗室的老鼠，學習能力有了顯著的提升。同時，美國加州大學老化研究所也發表了類似的研究結果。實驗人員將老鼠們分為幾組，分別讓牠們在輪子上跑兩天、四天、七天，同時不讓比較組的老鼠運動。接著他們觀察老鼠的神經元，發現運動後的老鼠神經元不僅成長更多，更發現成長的程度與運動量成正比。

在第二章中我們曾經說明過，記憶是一種物理現象。神經元增長後，記憶儲存的空間就會增加，其實就相當於蓋了更多倉庫的意思。而當神經元增長，就能有更多的資訊在大腦中運轉。請試著回想前面提過的，鋪設更多電話通訊纜線後，通話量就會增加的例子。就像實驗人員在老鼠身上觀察到的一樣，運動之後神經元會成長得更快，這句話的意思就相當於倉庫增加了、鋪設了更多通訊纜線，這樣一來大腦的功能自然會越來越好。

不過不是漫無目的地跑，就能讓每一個人都變成天才。運動之後確實會讓神經元成長，不過該神經元的角色尚未決定，那是一座空著的倉庫、是一條沒有人使用的通訊纜線。這條新的神經元若在一定時間內，沒能找到自己該做的事就會漸漸消失；因為既然沒有用處，那麼倉庫與通訊纜線自然就應該拆除，所以我們應該在這種事發生之前，盡快賦予新的神經元應扮演的角色。賦予角色的方法就是外界的刺激，例如：學新的樂器、去沒去過的地方旅行、熟悉新的技巧等，必須給予來自外界的刺激，才能使新生長的神經元持續保留下來。而這裡所說的「將外界刺激儲存成為長期記憶」，就是學習。

簡言之就是這樣：**運動完後產生新的神經元，必須學習才不會讓神經元消失**。持續運動與學習，腦袋就會漸漸變好，從結果來看也會讓成績更好。如果你是個運動能力出色，但卻對讀書沒有自信的人，那就你從現在開始能更有自信一點，因為運動是學習最好的朋友。擅長運動的人，其大腦也很擅長創造新的神經元，一旦這種人認真開始讀書，結果肯定能比不運動「只讀書的書生」更好。相反地，「只讀書的書生」則必須記住：要運動才會產生能儲存學習內容的神經元。即便勤勞地耕作，但若沒有能夠儲存的倉庫，收穫的農作物會有大半只能放著腐壞。

給一人學習者的運動指南

若一直以來，你都完全沒聽過跟運動效果有關的事情，那你可以開心了。因為這就像是發現裝載在我們體內，卻從來沒用過的火箭引擎一樣。那麼一人學習者，具體來說究竟該怎麼運動呢？

- 每天運動。
- 先運動再讀書。
- 感覺大腦狀況不好時就去運動。

我以上述的原則為基礎，提供一人學習者以下幾個運動的方法。這些原則實踐起來不會太困難且十分有效，請從中選出自己做得到的親自嘗試，再配合個人的狀況進行調整即可。

一、每天去健身房或體育設施

我下班後都會去健身房，幾乎每天都去，即使加班或聚餐也不會想休息。我的運動時間不會很長，通常都是四十分鐘左右，長一點也不會超過六十分鐘。真的很不想去的時候，就會帶著「就運動十五分鐘」的想法走進健身房。有些人或許會想「在公司工作一整天已經很累了，還能去運動真是了不起」，不過就像我一直以來所說的，事實上正好相反。每個人下班之後都很累，因為我們就像一台引擎沾滿機油，髒汙不堪的汽車一樣，大腦裡堆滿了疲勞物質。我們通常會在這個狀態下回家吃晚餐，再喝瓶啤酒之後便不想做別的事了。這樣一來當初野心勃勃擬定好要在下班之後「屬於我的私人時間」做的計畫，總是會以「從明天開始」為藉口不斷推遲下去，但到了明天依然又會是「從明天開始」。為什麼會這樣？因為堆滿疲勞物質的大腦並不是處在最佳狀態，而這樣的大腦自然不會有任何欲望或意志力去做任何事。

如果有能讓你運動的地方，那就每天都去一趟吧！如果你是上班族，下班後就先去運動。越是疲勞、越是無力，那就越應該去運動。如果你很抗拒，心想已經很累了，要怎麼去運動的話，表示你還沒了解到運動的效果。適當的運動不會消耗你的能量，反而能幫你充電。要運動大腦才會獲得氧氣與養分，所以在疲憊時去運動，其實就像為電量所剩無幾的智慧型手機接上充電器。

二、就算只有短暫的時間仍要運動

我時不時會一邊想著小說家趙廷來的事情，一邊做徒手伸展。徒手伸展不需要穿鞋，只要從椅子上站起來在房間裡面做就好。也許會有人想，這點徒手伸展到底有什麼用，但實際做了之後就會發現感覺很不一樣。YouTube 上有很多類似「國民伸展」、「青少年伸展」這樣的影片，長度大多只有五分鐘。我會配合影片的音樂聲，重複做兩次徒手伸展，這樣頂多也才十分鐘。不過單單只是運動十分鐘，就能讓大腦變得非常有活力。尤其在不想讀書時做運動，效果更為顯著。

如果你不相信，那只要試試看就知道了，體驗這個效果的時間只需要十分鐘。做這些我說的運動，雖然無法讓你去參加肌肉愛好者的健美大賽，但卻能讓你眼睛發亮地翻頁繼續讀接下來的內容。我有一個大學朋友，由於覺得去健身房要花很多時間，但又不能不運動，所以每天都會在宿舍裡面做四百五十次伏地挺身。你也來每天做四百五十次伏地挺身如何？不妨試試以下方法：

（一）放一個鬧鐘在旁邊，每當秒針指到十二的時候，就做十五下伏地挺身，大約會花二十秒。

（二）秒針再指到十二之前，有四十秒可以休息。

（三）用這種方式每天做三十分鐘，共能做四百五十下伏地挺身。

換言之，時間和地點其實都是藉口。只要下定決心，我們即使不離開房間也能運動。

三、零碎的五分鐘就夠了

不久前，我收到別人送我的智慧手環，那支手環有提供運動的人確認心跳數的功能。有趣的是，這支手環每一小時就會響一次，通知使用者要起來走兩百五十步。我認為這個功能非常有用。雖然另外規劃時間運動也不錯，不過這種利用零碎時間做點運動，也可以帶來很大的幫助。即使只運動五分鐘，也可以讓專注力大幅提升。以下是我跟朋友實際執行過的方法：

（一）工作到一半感覺注意力渙散時，就會去爬公司的樓梯。我們公司從地下一樓到屋頂共有八層樓，往返兩次就能轉換心情。

（二）上午和下午分別在空會議室裡做深蹲。二十下一組，共做五組，有助找回專注力。

（三）會議室旁的休息室有簡單的運動器材，每次去洗手間的時候就拉十下單槓。光是這樣簡單的規律運動，一天就能拉好幾十下單槓。

（四）無論是影印文件還是等捷運，站著的時候都要習慣性地反覆踮腳尖以運動小腿，這是為了抓緊零碎時間運動而建立的規則。

這或許不是什麼厲害的方法，不過有沒有利用零碎時間運動的習慣，差別其實非常大。即使不以加州的上百萬名學生為例說明，我也能很明確地告訴大家這之間的差異。若想知道究竟有什麼不同，只需要親身體驗就好。感覺到專注力下降時，就花五分鐘運動一下，然後再坐回書桌前，試著感受一下那是怎樣的心情。

四、臨時抱佛腳的成功關鍵是運動

我經常被問到，如果不得已要臨時抱佛腳時該怎麼辦？其實這時利用零碎時間運動最能發揮功效。**臨時抱佛腳最重要的一點就是要像短跑一樣，在需要臨陣磨槍時維持緊張感**。換句話說，成功的關鍵就是不被不安、擔憂所影響，讓大腦維持在最佳狀態。而能讓這件事情成真的最佳工具，就是零碎時間的運動。無論你是覺得自己專注力下降，還是突然產生「現在做這些有什麼意義嗎？」之類的悔意，都必須要意識到這其實是要你去運動的訊號。不然就乾脆調鬧鐘，每隔一段固定時間就起來運動五分鐘也好。

五、運動對一人學習者尤為重要的原因

自己一個人學習時很容易產生懷疑、不安與孤單等負面情緒，而這些危險因子，很容易吞噬掉一人學習的眾多優點。我們甚至可以說，只要能好好管理自己的精神狀態，一人學習幾乎就已經成功了一半。

每當感受到負面情緒時，不要讓自己逐漸深陷其中，應該要想這其實只是我們的大腦狀況變差而已。這種情況是因為大腦沒有獲得足夠的新鮮血液，神經傳導物質的濃度下降，各種物質之間的平衡遭到破壞所致。就像智慧型手機的電池見底，亮起紅色的警示燈一樣。我們需要做的，就是像為手機插上充電器一樣稍微運動一下。最後，我再次很肯定的告訴每位一人學習者，學習的起點就是運動。

「目標明確」才能學得徹底

如果想把書讀好，首先必須建立目標。首先讓我們來看一個知名的例子。

一九五三年，一個實驗團隊曾經以美國耶魯大學的畢業生為對象進行問卷調查，問卷的題目是「你有目標嗎？」而結果如下：大學畢業時，有二十七％的人回答自己沒有特定目標，六十％的人回答說有簡單的目標，而十％的人回答說有明確的目標，另外只有三％的畢業生，將自己的明確目標寫在紙上。在那之後又經過了二十二年，到了一九七五年時研究團隊再度調查同一群畢業生的經濟水準，發現有具體目標且把目標寫下來的那三％畢業生，所擁有的財產比剩下九十七％的學生財產加總還要多。

這項研究結果，只是讓我們知道設定目標的威力有多麼強大的例子之一，還有很多其他的故事會讓我們驚訝得目瞪口呆。

美國前總統比爾・柯林頓（Bill Clinton）就讀法學院時期，便有將自己的目標寫在紙上的習慣，而他三十二歲那年就當上最年輕的州長，最後成為美國總統，且成功做完兩屆任期。電影演員金凱瑞（Jim Carrey）在默默無名的時期，就曾經在文具店買來的支票金額欄上填入千萬美元的數字，並與父親約定未來將成為靠演戲拿到相同金額片酬的人。十四年後，他以電影《蝙蝠俠三》實現了夢想。國際知名的潛能開發專家安東尼・羅賓斯（Anthony Robbins）的著作《覺醒巨人》（*Notes from a Friend*），就整理了許多類似的案例，他也在書中做出這樣的結論：「獲得出色成功的知名人士都有個共通點。他們的成功，都有相同的第一步，那就是建立目標。」

學習也和成功無異，建立目標就能把書讀好。你或許會問，建立目標與學習有什麼關係？當然，設定目標並不是學習方法，但先建立目標之後，該目標就會告訴你學習方法。當你建立要去巴黎看艾菲爾鐵塔的目標之後，能抵達該目標的方法，就會透過各種途徑進入你的耳中。透過運動讓大腦維持在最佳狀態之後，下一個步驟就是明確訂定目標了，這也是為什麼一人學習者的第二個學習原則就是訂定目標。

所謂的明確是能「立刻」說出來

你或許會想「目標？我已經有目標了」，覺得訂目標並不是什麼了不起的原則。考上大學、在任何考試中合格、取得證照或學習語言等，或許是我們都很清楚、身邊的人也都了然於心的目標。問題在於該目標經常變得十分模糊，模糊到令人忘記自己早就已經有一個明確的目標，甚至還將目標貼在書桌前提醒自己。這也是為什麼人們總不把「要有目標」這句話當一回事的原因。這裡有個例子，能讓我們清楚了解我們要如何讓目標逐漸變得清晰，而我們又會如何因該目標而不同。

首爾大學理工學院的黃農文教授，曾在《全神貫注》這本書中，分享了他兒子的親身經歷。當時他兒子就讀高中二年級，擔任校內社團的社長，為了準備下學期的校慶放棄專心準備超過一個月的期末考，也使得期末考的成績慘不忍睹。原本他在班上是第三名，但期末考的成績實在太糟糕，使得他根本無法推甄上自己以原本的校內成績所設定的大學。距離大學入學考試只剩一年，他告訴自暴自棄的兒子，只能拚盡全力準備考試，挽回平均被拉低的校內成績。

同時，他也建議兒子「以在大學入學考試中考到全國榜首為目標」。聽到這句話的兒子大吃一驚，以為這是要他拚死讀書的意思。他是原本班排名第三的學生，又不是全校第一，竟然要以全國榜首為目標，究竟該讀書讀到什麼程度才能達到目標呢？不過他搖了搖頭甩開辦不到的想法，心想：「不需要勉強自己讀書，跟平常一樣讀書就好。不過仍然要不受任何動搖，堅定朝全國榜首的目標前進，每天都要多次提醒自己這個目標。」

他決定先以此為目標。雖然沒有立刻發生什麼改變，黃教授的兒子也就像以前一樣，看電視、玩電腦遊戲，但黃教授也沒有斥責他這些行為。黃教授只做了一件事，那就是不時跟兒子對話，提醒兒子記得自己的目標。例如：上班順道送兒子上學時，跟兒子說：「有睡飽嗎？想考到全國榜首，那可不能睡眠不足喔。過十二點之前就上床睡覺吧。」、「等成為全國榜首，記者應該都會來採訪你，你會想說什麼？」之類的話。就這樣過了一個月左右，開始出現有趣的改變。兒子開始主動不玩電腦遊戲了，吃完晚餐後也不會坐在電視前說要等消化完再去讀書。一過了午夜十二點要他別再讀書快去睡覺，他反而會說：「我再看一點點就去睡」，甚至還會抱怨說：「朋友都在讀書室讀到凌晨兩點，我要是太早去睡要怎麼追上他們？」

目標導向機制的原理

為什麼會發生這種改變呢？黃農文教授解釋，這是「目標導向機制」所致。我們的身體是由許多細胞組成的，眾多細胞為了維持生命，必須像軍隊一樣依照指揮官的指示，有條不紊地運作。如果發生身體各部位不聽使喚的事，例如：家中失火必須逃命但腳卻不聽話、胃中沒有食物但卻不斷分泌胃酸等情況，我們便很難維繫生命。那身體的指揮官是誰呢？當然是大腦。也因此當我們的大腦設定「這就是目標」時，身體就會盲目地朝該目標前進，在生物學上也是如此。

這裡，我們需要能鞭策身體朝目標前進的功能，那就是「心情」這項回饋機制。越靠近目標，就越能獲得正面的回饋；越遠離目標，就越會獲得負面的回饋。也就是說，靠近目標時心情就會變好，遠離目標時心情則會變差。

試著回想一下日韓足球大戰的情況，韓國如果踢得好大家就會開心，但如果比賽情況不順利，大家會悲痛萬分，甚至還有些人會痛罵選手。因為腦中有「我們一定要贏」的目標。同理，因為腦中有通過大學入學考試或升遷等目標，所以高中生考試得到好成績、上班族在人事考核中獲得好結果後心情就會變好。如果不想考進大學，或是很快就要辭職創業，怎麼會因為考上大學、考核績效佳而產生好心情呢？就像這樣，有目標時身體便會盲目地追求目標，若再加上心情這項回饋機制，整個過程就可以說是一個目標導向機制。

若我們從目標導向機制的觀點，來看前面故事中兒子發生的改變就會是這樣子：首先剛接觸到「全國榜首」這個目標時，並沒有真心把這個當成自己的目標。也就是說，當有一個神經元初次接觸到「當上全國榜首」這個想法時，沿著該神經元移動的電子訊號非常微弱，但如果不時想起與目標有關的事情，「全國榜首」神經元就會不斷有電子訊號流過，當神經元成長、突觸相互連結後，包覆神經元的髓磷脂就會變厚。

藉著這個過程，「全國榜首」的想法便會不知不覺間在心中紮根，成為我們真正的目標，這就是目標越來越明確的過程。

當目標變得明確，目標導向機制就會開始作用。越接近全國榜首這個

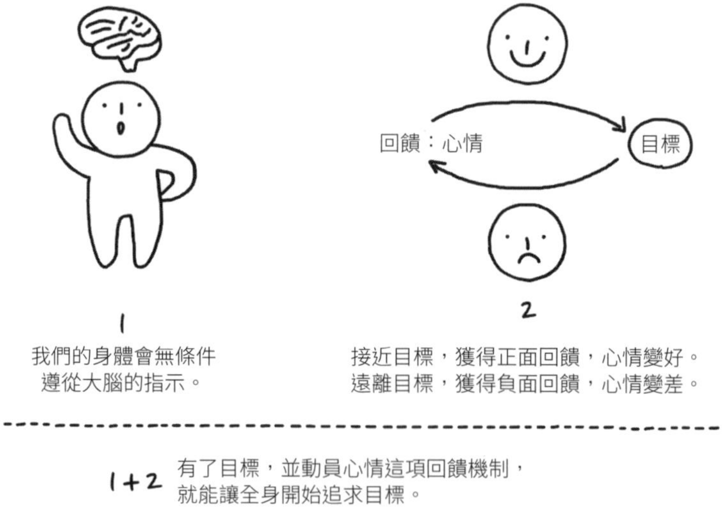
回饋：心情
目標
1
我們的身體會無條件遵從大腦的指示。
2
接近目標，獲得正面回饋，心情變好。
遠離目標，獲得負面回饋，心情變差。
1+2
有了目標，並動員心情這項回饋機制，就能讓全身開始追求目標。

目標導向機制

目標心情就越好，越遠離目標心情就越差。例如：專注讀書到沒有察覺時間流逝，或是忍著睡意多解一個數學問題時，會讓人心情變得很好，而玩電腦遊戲則會在不知不覺間讓心情變差。

不過，因為過去已經養成享受電腦遊戲的習慣，所以不會在玩遊戲時感到不愉快，而是會覺得「好像沒有以前那麼有趣」，進而使我們逐漸遠離電腦遊戲。這也是為什麼黃教授的兒子只花一個月就遠離電視與遊戲，成為專注讀書的人。記住，帶來改變的動力並不是忍耐與自制力，這點非常重要。黃教授的兒子所做的事情，只是選擇了讓他自己心情比較愉快的那一邊而已。

兒子後來怎麼樣了呢？黃教授說：「他最後沒有考到全國榜首，不過卻考到了全校榜首，而且也順利進入他的第一志願學校。」這裡我想再補充一件事。黃農文教授除了強調「全國榜首」的目標之外，還另外強調了一個原則，那其實就是我們已經知道的原則：「每天都要運動至少三十分鐘」。

一人學習者的目標設定指南

想把書讀好，最重要的是使用正確的方法，並達到一定的學習分量。沒有不付出任何努力，就能把書讀好的魔法。要從首爾到釜山必須走京釜高速公路，每個人都必須走四百二十二公里的路程，但大家都有兩個選項，一是不知道這段距離有多長，愉快地踏上路途，二是雖然不想做但還是勉強自己出發。

誠如各位所知，學習是一場馬拉松，由於不是短短的一、兩公里，所以很少有人能忍受痛苦跑完全程。如果沒有絕佳的耐力，那就必須選擇不會痛苦的方法，而那個方法就是設定目標。只要有目標，就會讓人好好學習，因為我們的身體在生物學上就是這麼設計的。那具體來說，一人學習者究竟該如何建立目標呢？

- 擁有清晰的目標。
- 反覆回想目標。
- 當目標變清晰後，學習便會更加紮實。

以下，我以前面的原則為基礎，提出一人學習者該如何設定目標的建議。這是最廣為人知的方法，各位可以從中選出自己喜歡的使用。

一、「清楚的」目標是核心

目標是什麼都無妨，但必須要「清楚」。

看到因為特殊經驗而擁有獨特目標的人，有些人會羨慕地想：「如果我也能有像樣的目標，應該就會更有動力……」但其實不需要羨慕，因為帶給人們力量的並不是「像樣的」目標，而是「清楚的」目標。那麼究竟怎樣的目標才能稱為「清楚的」目標呢？現在就來測試看看自己的目標是否夠明確吧！

（一）拿出智慧型手機，設定五秒鬧鐘。

（二）讀完下一句話之後按下開始鍵。

（三）閉上眼睛，在心裡用明確的句子把自己的理想目標說出來。

（四）開始！

必須要可以立刻在短時間內準確地說出目標，才能算是清楚的目標。例如：

有人說「對著流星許願，願望就會成真」，這句話的意思並不是說看到流星之後，仔細思考再許願就會成真，而是在流星掉落的瞬間、在流星消失之前許願，願望就會成真的意思。流星會在幾秒內消失呢？當你想著「啊！有流星！要許願！等等，我有什麼願望？」並開始思考的時候，流星就已經消失了。要用多麼迫切的心，時常將願望謹記在心，才能在流星消失之前完成許願呢？必須要達到這個程度，才能稱作是清楚的目標，若你能有這麼清楚的目標，那麼你就能把書讀好。

二、經典的目標設定法

「**SMART 目標設定法**」是最常見的目標設定法。據說用 SMART 建立目標，達成率就會提升。所謂的 SMART 是以下的縮寫：

- S（Specific）：具體的
- M（Measurable）：可測量的
- A（Achievable）：可達成的

- R（Realistic）：現實的
- T（Time-based）：有達成期限的

我們就以「閱讀」為例。如果只是單純以「想多閱讀古典人文學」為目標，就可以用 SMART 目標設定法這樣建立目標：

「《論語》（具體的），每天閱讀十頁（可測量的、可達成的），上下班時在地鐵裡閱讀（現實的），一個月內讀完（有達成期限的）。」

「**BHAG 設定法**」出自於《從 A 到 A+：企業從優秀到卓越的奧秘》一書，作者吉姆．柯林斯就建議，要有「BHAG」才容易成功。BHAG 發音近似於「比黑格」，是「大且危險卻大膽的目標（Big Hairy Audacious Goal）」的縮寫。他會這麼說，是因為普通的目標只會讓我們付出普通的努力，而那些光聽就令人膽顫心驚的遠大目標，則需要我們堅定自己的心，並付出龐大的努力才可能達成。BHAG 的經典範例，是一九六一年美國總統約翰．甘迺迪（John F. Kennedy）在國會演講中發表的登陸月球宣言。「美國必須要在一九六〇年代結束以前，將人類平安地送上月球再帶回地球。」他做出這番宣言時，許多人都認為這是無稽之談，但事實上美國卻只花八年的時間，便將阿波羅十一號送上了月球。

另一種，「**超額達成策略**」與 BHAG 設定法相反，是先建立百分之百能夠實踐的最小目標之後，再做得比目標更多一點點的方法。國際知名管理學者彼得・杜拉克（Peter Drucker）是這麼說的：「有效率的管理者會尋找可執行的目標，而他們大多會發現，許多他們能做到的事情，其實都能超過時間與方法所允許的範圍。」對比較沒有毅力、設定目標卻總是失敗的人來說，超額達成策略會是個有效的方法。例如：設定類似「上班路上背一個單字」這樣的目標，而能達成這個目標的人，通常都能夠達到超越該目標的標準。

最後的「**改善策略**」源自日本。汽車公司豐田等日本企業，就是以持續改善的精神，創造了日本經濟的黃金年代。改善策略是以比昨天稍微好一點點為目標；不是建立遙遠未來將會達成的遠大目標，而是以「持續改善」為目標。美國職籃（NBA）的帕特・萊利（Pat Riley）總教練，就是改善策略的成功代表。他總是指導選手，試著將自己的最佳紀律提升一％。僅僅只有一％，雖然很小，但卻能達成持續改善的目標。他靠著這個方法，成為榮獲最多次 NBA「年度總教練獎」的人，更因此進入名人堂。如果想嘗試改善策略，那只要和昨天的自己比較就好，例如：昨天上午讀書讀了一百分鐘，那們今天就以讀一百零一分鐘為目標，重點在於絕對要比昨天的自己更好。

三、重複目標，直到目標變得清晰

回想一下前面說的高中生兒子的例子。其實父親不需要去勉強他，讓他過跟平常一樣的生活也無妨。只是一有機會就要不斷提醒他，讓他絕對不會忘記自己的目標。看電視也好、玩電腦遊戲也罷，在做這些事情的時候，都不能將「合格」這個目標丟到潛意識的彼端。如此一來，會使人逐漸遠離合格這個目標的電視和遊戲，都會漸漸變得無趣。不過家長也不需要硬逼孩子戒掉這些東西，因為我們的心就像不聽話的青蛙，硬是禁止反而會更想去做，刻意遮住雙眼，反而更容易被迷惑。

要重複目標，讓孩子將目標銘記在心有很多種方法。例如：每天早上做想像訓練，或是每天晚上一到十二點就跪下來禱告，或是將目標設定成智慧型手機的待機畫面等。再不然也能像朝鮮時代的學者南冥曹植在腰間掛上鈴鐺，讓走路時鈴鐺的聲響時時提醒自己一樣，在孩子的手腕上戴個手環或念珠，讓他看到這樣東西時就能想起自己的目標。

四、設定目標對一人學習者尤為重要的原因

一人學習時有無設定明確的目標，是左右成敗的關鍵。因為目標若不夠明確，放棄學習的風險就會變高。我們先不討論有一起學習的朋友或付錢去上補習班的讀書效率，但在這些情況下，身邊確實是有能刺激自己時常想起目標的存在。不過一人學習者必須自己刺激自己，尤其遇到低潮時，要激勵自己並不容易。所以一旦低潮期拉長，目標就會變得模糊，更可能讓人放棄學習。

為了防止這種事情發生，每位一人學習者都一定要做的事情，就是第二項學習原則——設定目標。設定好目標，有機會就要回想目標。**身體可以去玩，但腦袋不能忘記目標**，把目標訂得越明確，該目標就越會用力推著我們前進。

看似容易的「重複」是高效學習的祕訣

前面我們看過如何讓大腦處在最佳狀態（運動），以及如何讓心進入想學習的狀態（目標）等方法。以上都是開始學習前的準備階段，接下來我們終於要正式開始學習了。一人學習者該如何學習呢？該怎麼做才能將書中的內容儲存在腦中呢？很簡單，就是「重複」。

我敢大膽的說，重複就是究極的學習方法。無論是閱讀、聽課、在任何地方接觸到的許多學習方法，大多都是每個人針對「如何重複」所提出的個人要領。若將我們每個人所知的學習方法放到顯微鏡下觀察，就能清楚看見這些方法背後隱藏著的，其實是名叫「重複」的共通原則。唯有重複才是隱藏在所有學習法背後的唯一究極祕訣。

從生物學角度看「重複的重要性」

為什麼是重複呢？事實上，我們已經透過腦科學了解到，重複之所以重要，是源自於髓磷脂的形成過程。**擅長一件事情，就意味著包覆神經元的髓磷脂變厚，而髓磷脂會在「重複精準的刺激」時變厚**。簡言之，從生物學上來看，我們的大腦必須不斷重複才能夠精通一件事情。無論是四則運算、英文閱讀測驗，還是在壓力極大的面試上回答問題，都要遵從這個原則。答案就是重複，沒有第二條路。

不過我們也能在這裡發現兩個學習的真相，而這同時也是學習的希望：第一，無論如何擅長讀書的人，只要不重複就無法將知識輸入腦中；第二，對學習沒有自信的人，只要重複到能理解為止，最後都能有好結果。早在一百三十年前，就已經有人透過實驗揭露這兩個理所當然的原則，那個人就是研究記憶與遺忘的德國心理學家赫爾曼・艾賓豪斯（Hermann Ebbinghaus）。艾賓豪斯透過遺忘曲線與記憶曲線，宣揚重複的力量。

首先來看遺忘曲線。艾賓豪斯自己擔任實驗對象，用三個字母創造兩千多個無意義的單詞，例如：DAT、POC、BUK等詞彙，並要求自己把這些詞背起來。當他全部記下來的那一刻，他記得的內容非常完整，但隨著時間拉長，他忘記的詞便越來越多，而要把那些忘掉的詞再記起來則要花更多時間。艾賓豪斯將重新學習遺忘單詞所花費的時間視為遺忘曲線，並將曲線繪製出來。

首先，先來了解遺忘曲線所代表的意義。人從剛學習完的那一刻，就開始忘記剛才學的東西，而遺忘是一種不會有任何例外的現象。也就是說，遺忘是一種理所

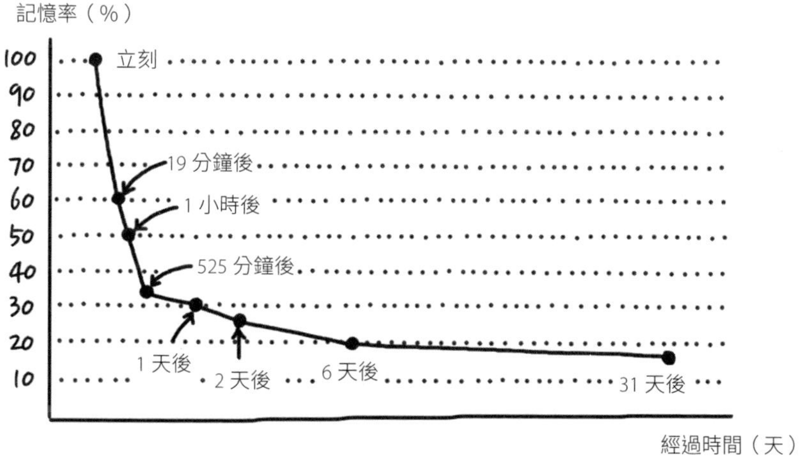

遺忘曲線

當然的現象，所以無論如何擅長學習、無論如何擅長記憶，人的腦海中都一定會發生遺忘這件事。只是有部分的人做出了「更多的努力」，重新蒐集四散在記憶當中的資訊而已，那個努力就是由更多的重複所構成。

接下來看記憶曲線。艾賓豪斯測量自己重新學習遺忘字詞所花費的時間，這裡的重新學習就是複習。每次複習之間的間隔拉得越長，自然就要花更多時間複習。但複習之後，發生了一件意外有趣的事。越是複習，遺忘曲線的傾斜程度就會越來越緩，後來所畫出的遺忘曲線幾乎呈現平坦的直線。這代表越是

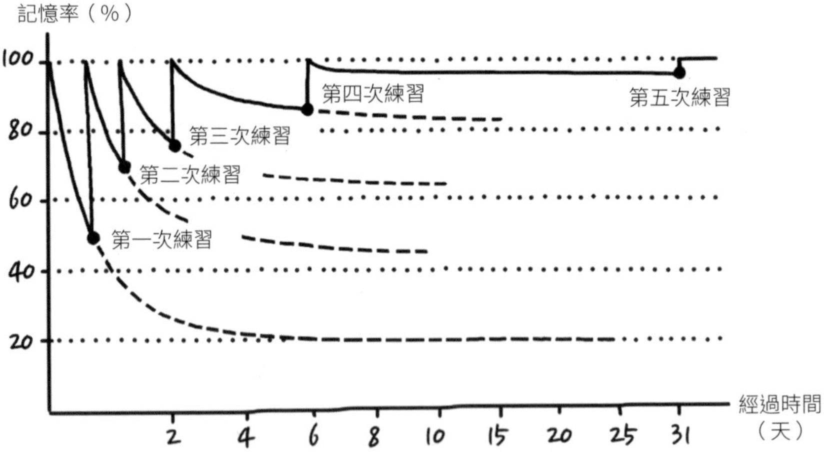

記憶曲線

複習，遺忘的程度就會越低，最後則變成幾乎不會忘記的長期記憶。

記憶曲線給我們的啟示很明確，那就是讀一次會忘記，不過重複讀兩次、三次的話，忘記的東西就會漸漸變少，總有一天能到達完全記得所有內容的程度。像艾賓豪斯，不就完全記住 DAT、POC、BUK 等毫無意義的單詞嗎？如果想把什麼東西記在腦中，那重複就是最佳解答。**如果身邊有人很擅長記事情的話，那就表示他是個經常重複的人。在我們看不見的地方，自己一個人重複著。**

寫十次就能徹底記住

現在，回想一下第一章一開始提到的國三男學生，他從倒數第三名爬到全班第三名，當時我告訴那名學生的學習方法其實就是重複。上完課之後、一天結束的時候，還有在一星期結束的時候，總共重複三次，就能讓完全沒有任何基礎的學生記住上課學習的內容，也因此他感受到學習的樂趣。這名學生的成績之所以能夠提升，都是多虧了艾賓豪斯。

重複就能記住。實際上，我也曾經深刻體會過這個簡單的真理。

高中時，我們都要上漢字課。雖然我自認算認真準備考試，但還是無法完美記住部首或是筆劃之類的東西，總是會錯一、兩個小地方。而這種事情頻繁發生，就會令人感到生氣，於是我決定乾脆把考試範圍內的所有課文都背起來。其實就算說要把課文都背下來，分量也不算太多。漢詩五言絕句只有二十個字，七言律詩則是五十六個字，有《論語》和《孟子》內容的課文，字數頂多也就幾十個字而已。

當時，我在煩惱究竟該怎麼背，後來我決定在正式開始背之前，先把這些內容都抄寫下來。我想「抄個十次左右應該會比較熟，到時候再正式開始背」。於是我便打開課本跟練習本，開始一個字一個字照抄。不，與其說是照抄，不如說是照描還比較貼切。

後來有趣的事發生了，在我「照描」到第二遍的時候還沒有發生什麼事，但到了第四遍、第五遍時，我竟然能夠「大致看著」課本上的字「寫」下來。到了第七、第八遍時，則「不用看課文」也能「流暢地」寫出來。當我依照一開始的目標寫滿十次時，我已經把課文都背下來了，連我自己都覺得很神奇。

一開始並不是為了「背下來」而抄寫十次，只是為了「熟悉內容」抄寫十次而已，沒想到其實在重複十次的過程中，我已經把所有課文都「完全」記下來了。後來的每一章都一樣，不超過十次就能完全記在腦海中。把所有課文背下來之後，就完全不需要再去學新的漢字或句子的解釋，之後我在漢字考試中，也幾乎沒有再寫錯題目。

如果你很疑惑這究竟是不是真的，那就當作實驗嘗試一次看看。挑一首漢詩或《論語》的一句話寫十次，當然，一開始你要有「照描」的覺悟。不過重複越多次，就越能發現到自己可以「不看內容就寫出來」，而這正是我們大腦早已具備的能力。

給一人學習者的重複指南

由上述可見，只要有不斷重複的覺悟，就能精通世界上所有事情。韓國冥想家鳳宇權泰勳老師，就強調「去去去中知，行行行裏覺」，意思是「不斷向前走便能碰觸到真理，不斷地實踐就能獲得領悟」；這整句話便濃縮了「重複到最後，自然能做出好成果」的意思。

就像那個一開始是倒數第三名，後來變成第三名的學生一樣，我們每個人都可以成為奇蹟的主角。

以下，是我給一人學習者的重複原則：

- 重複確認自己究竟知不知道。
- 除了已知的部分之外，將還不懂的部分挑出來重複。
- 重複到了解為止。

接著，讓我們看看具體作法為何。實踐時，請不要嚴肅地思考「哪種方法最有效」，因為這就像「世界上所有武術當中，哪一種武術最優秀」一樣，是個沒有解答的大哉問。**沒有更強的武術，只有更強的人。重複的方法也一樣，不是使用更好的方法就更能把書讀好，而是重複越多次的人越能有好表現。**只要從以下的方法中，選出自己可以實踐的方法，並且盡量重複就可以了。

一、重複閱讀

規定閱讀次數並不斷重複閱讀，是最基本的學習方法。以前幾乎每個準備司法考試的考生，都會以「考試之前要讀幾遍為目標」。

比如說，補習班裡的考生會依照「預備循環班、第一循環班、第二循環班、模擬考班」等課程，逐漸增加自己的閱讀次數，一人學習的考生則會以「三個月內讀完一次、兩個月內讀完兩次」等方式建立讀書計畫。事實上，包括公務員或招聘面試等所有考試在內，所有的考生都使用差不多的方法。其實從古至今，就一直存在這種重複閱讀的學習方式。看看邊搖頭晃腦邊讀四書五經的祖先們，以及閱讀塔木德的猶太拉比，就略知一二。朝鮮時代把這種行為稱作書算，甚至還有幫助記錄讀書次數的工具。

此外，這裡我想特別強調兩點：

第一，重複的次數必須訂多一點。即使重複到懂為止，仍然沒有成功經驗的人，其實都是重複的目標次數太少。這些人大多認為重複個兩、三次就可以記下來，所以重複到他們自己訂定的目標，卻仍然不記得大多數的內容時，他們就會慌張且失望。

看看司法考試的應試生，補習班通常會給他們一年要完讀七次的目標。而會挑戰司法考試的人，大多都是對學習有一定自信的人，這樣的人完讀目標竟高達七次，而這還不是保障合格的最低標準，只是可以提高合格可能性的標準值而已。擅長學習的人絕對不會期待只讀兩、三次，就能把內容都記下來。不過即使讀了六、七次，仍然有無法記住的東西時，他們也不會太過驚慌。因為透過過去的學習經驗，他們清楚知道再多重複讀幾次就能記下來了。如果對讀書沒有自信，那首先就應該把重複閱讀的次數抓得多一點，就像我高中準備漢字考試時，一開始便下定決心要重複寫十次一樣。

第二，不要呆呆地像機器一樣重複，而是要積極確認自己懂不懂，將不懂的部分挑出來重複。如果你以為《找對方法就能讀出高分！東大首席律師教你超高效率學習法》的作者山口真由所主張的，是把書本內容當成背景音樂一樣，茫然地不斷重複，書本內容就會自動進入腦海的話，那可是嚴重的錯覺。她其實是這樣說的：

「七次閱讀是重複直接說明內容的句子，並仔細確認內容後，再用腦袋理解的方法。這是一種眼睛追著書上所寫的文字，並且將文字完整複製下來的過程，所以一開始只會停留在『跟著唸』的階段。不過隨著逐漸進入理解的階段，就會脫離『跟著唸』的階段，逐漸熟悉用自己的方法重新建構知識的能力。」

從這段話中，我們可以發現她用兩個關鍵字，告訴我們大腦中所發生的事。分別是「**確認**」與「**重新建構**」，也就是意識到「這段內容與那段內容相互連結」之後，再「重新建構」的意思。如果沒有注意到這一點，只是呆呆地重複，那即使完成自己規定的完讀次數，依然會是「目不識丁」。

二、重複書寫

日本早稻田補習班教學生使用「藍筆學習法」，要學生在把內容記下來之前，隨意用藍筆寫下課文內容。這不需要多做說明，就是用手寫直到把內容記下來為止的學習方法。

我在學生時期也有「抄寫」的學習經驗。我會刻意「抄寫」課本上面的內容，甚至有幾位老師還會出「抄寫幾遍」的作業。國中時我會蒐集「抄寫」用的練習本，或是記錄自己幾天內把一支 Monami 153 原子筆（譯註：韓國的國民原子筆，有點類似台灣的玉兔牌）寫到沒水等，這些成果也會讓我感到心滿意足。其實這樣邊寫邊記，的確更容易讓內容進到腦中，尤其英文單字或歷史年代表等單純需要背下來的內容，更是效果顯著。

為什麼邊寫邊讀效果比較大呢？因為閱讀與書寫之間，有著根本性的差異。閱讀是被動的行為，無論是「解釋」還是「重新建構」，如果不刻意思考，都可以在精神渙散的情況下讀過去。但書寫就不一樣了，要在白紙上寫東西，就必須無時無刻都從腦袋裡抓一點什麼出來。我們不可能不思考就寫出歷史年代表，所以跟閱讀相比，書寫是一種較為主動的行為。這也是為什麼我在準備漢字考試時，可以在寫完十次後就把每個字都記下來的原因。每寫一筆一劃，都會確認自己究竟懂不懂，不懂的部分就會積極重複。

如果你有很想背下來的東西，那就拿筆記本來重複書寫吧！就像回到國中時期「抄寫」一樣，只要重複書寫就一定能記住。

四、反覆闔上書，回想內容

反覆閱讀的方法需要花費的時間不多，卻較為被動；而反覆書寫的效果雖大，卻要花較多時間。能兼顧兩者優點並克服缺點的方法，就是反覆闔上書回想內容。讀完一章之後就把書闔上，或把書的內容遮住，只看標題或題目，接著試著回想內容寫了什麼。重複並不一定只是物理的次數，閱讀內容算一次、闔上書回想內容也算一次，而這種回想的行為則比書寫更為主動，所以效果會更好。如果讀完每一章之後都把書闔上，回想一遍所有內容的話，我敢保證你一定能精通每一件事。

我之所以能信誓旦旦地說出這種話，是因為這其實是個很痛苦的方法，也就是說實際上能堅持執行的人並不多。如果你不認同，只要立刻開始嘗試就知道了。「像平常一樣」把一章讀完，然後把書闔上回想剛剛到底讀了什麼。這比想像中還痛苦，因為實在想不太起來，而這也證明了「平時」的學習有多麼不踏實。

不過不需要太挫折，只要下次好好學習，讓自己在闔上書回想時能想起書中的內容就好。如果我們能做到闔上書時就能想起書上的內容，並逐漸推進學習進度的話，那麼只要熟悉了這種學習方式，我們就成為不需要再嘗試其他學習法的人了，因為我們已經擁有了「做得到」的自信。

五、重複對一人學習者尤為重要的原因

學習必須獨自進行的原因，以及一人學習最大的優點就是重複。從生物學的角度來看，重複就是學習的最佳解答。你可以想想看，幾個重複的方法中，有哪一個是讓很多人一起做的嗎？這也是為什麼人們會說學習是與時間的賽跑。學習之所以是與時間的賽跑，原因就在於重複是一場與時間的對抗。在相同時間內可以重複多少次，決定了髓磷脂的厚度，而髓磷脂的厚度則決定了上

榜或是落榜。有意識地閱讀、拼命地抄寫、闔上書回想內容等是最基本的重複要領，也都是需要自己一個人進行的事。因此，一人學習者的時間當然要多，這樣才能把書讀好。

現在可以在腦海中回想一下那些很會讀書的人的樣子，想像那個人拼命讀書的模樣，都想好了嗎？現在那個人是以怎樣的姿態在學習呢？是不是目光如炬地獨自捧著書呢？沒錯，這就是我們該做的事。

進入心流狀態，「深度專注」的方法

所謂的專注，必須用處在最佳狀態的大腦（運動），進入充滿學習動力的狀態（目標），重複到理解為止（重複），然後專注在學習的每一個瞬間，如此，才是「真正的專注」。為此，首先要了解什麼是專注，以及為什麼要專注，接著再看看專注時大腦中會發生什麼事，最後再談論如何提高專注。

學習量＝學習時間Ｘ專注度

首次透過科學定義專注的人，是國際知名心理學家米哈里・契克森（Mihaly Csikszentmihalyi）。當時的他在思考如何讓普通人過上更好的人生，同時他也注意到運動選手與外科醫師經常經歷的「專注於某件事情，完全沒注意到時間流逝的狀態」。在這樣的狀態下，意識的次元變得極高，每件事都如行雲流水般順暢，甚至是一種讓人遺忘自我的特殊經歷。契克森為這種忘我的境界取名「Flow」，意為「心流」，也就是所謂的「深度專注」。

「心流」雖然看起來是一種很特殊的經驗，但其實每個人多多少少都曾有過心流的時刻。

我曾經在參加劍道比賽時，發現對手身上屬於得分部位的手腕，有如靜止在空中一般清晰可見。我想從事運動的每一個人，應該都聽過類似的經驗談，或是曾親身體驗過這種事。例如：打棒球時球看起來像西瓜一樣大、游泳時感覺手能夠抓到水等。很多人認為這是自己當天狀況超好所致，但其實那正是心流的經驗。此外，在日常生活中我們也會經歷短暫的心流。例如：在公車或地鐵上專注玩手遊，卻錯過下車的時間；或是在軍隊中進行實彈射擊，目標物與瞄準線吻合時，會瞬間專注到忘了手肘的疼痛。

若要了解何謂深度專注的狀態，我們就要來聽聽導引巨大船舶靠港的領航員的故事。想要讓巨大的船隻能在洶湧的波濤中安然航行，就必須每一瞬間都繃緊神經。一天，這位領航員看著自己的前輩正在指揮船隻，當時前輩手裡夾著香菸，但不知道有多專注，完全沒注意到香菸整枝燒起來，火星甚至掉到他的手指上。

學習時要刻意讓自己進入心流狀態的原因是什麼呢？**因為深度專注時的學習量，與一般狀態的學習量截然不同**。人們經常認為花費同樣的時間坐在書桌前，學習的分量應該會差不多，但其實並非如此。同樣每天在讀書室裡待十小時、同樣每週在公司工作四十小時，每個人的產量仍天差地遠。為什麼會這樣？因為學習量是時間和專注度的積分值。用簡單的公式列出來，就會像下面這樣：「學習量＝學習時間X專注度」。

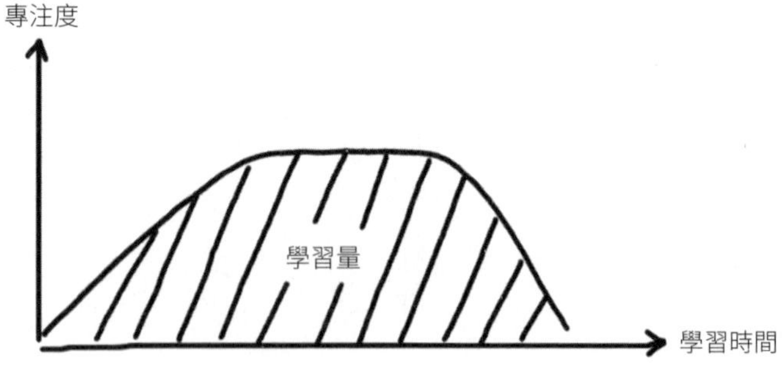

人的學習時間都有極限，而且無論再如何認真學習，一天頂多也就只有二十四小時，不過專注度並沒有極限。想像一下在下圍棋的過程中，能夠預測未來好幾十手棋路的李世乭九段，以及全身癱瘓卻能靠心算解開天文物理學難題的霍金（Stephen Hawking）。他們跟我們同樣是人，但卻能透過訓練將專注的水準提升到極致。

為什麼呢？代入前面所提到的公式，就會發現專注度沒有極限，就表示學習量沒有極限，而學習量沒有極限則意味著任何目標都能達成。因此一直使用相同方式學習的人，跟每一次都刻意提高專注度的人之間，就會產生合格、落榜或成功、失敗的差異。

既然下定決心要好好學習，那就一定要做到最好對吧？同樣花時間坐在書桌前，那實現目標才是最好的結果不是嗎？反正都決定要努力了，就應該要確認一下我們所擁有的潛力，對吧？我們不能只是死讀書，必須專注才行。最幸運的是，就像其他的學習原則一樣，只要能夠了解專注的原理，並且依照該原理去做，那麼人人都能夠體驗到心流時刻。

深度專注時，大腦怎麼了？

首先，讓我們來看看深度專注時腦中會發生什麼事。這裡同樣會利用腦科學進行解釋，但只要大概了解提升專注度究竟代表什麼意思就可以了。

假設你在凌晨時分，為了看在地球另一端舉辦的韓國足球代表隊比賽而起床打開電視，而當你大腦的專注度提升時，會發生的事情如下：稍早前我們還在睡覺，大腦在睡眠時雖會活動，但與足球有關的領域一點也不活躍，也就是並沒有訊號經過相關的神經元與髓磷脂。而調好的鬧鐘響了之後，你起床去開電視，那一瞬間你透過視覺與聽覺等感官，接受大量與足球相關的刺激。現在你開始喚醒足球規則、足球選手、對手的戰績、要進入決賽必須踢到第幾名等腦中眾多與足球有關的記憶。電子訊號一一流過神經元，髓磷脂也跟著活躍起來。如果用核磁共振（MRI）去照這時後的大腦，可以看見許多區塊呈現繽紛的顏色，那些是與收看足球比賽有關的大腦區塊，也就是相關的神經元與突觸活躍起來的區塊。我們徹底從睡夢中清醒，漸漸專注在足球比賽上，而活躍的區塊也越來越大。專注度提升就是像這樣，代表讓相關的神經元與突觸漸漸活躍起來的意思。當大量的神經元與突觸活躍起來，我們就能進入更專注的境界。

有趣的是，只要專注度提高，快感便會隨之而來。為什麼？突觸的連結部位會產生神經傳導物質多巴胺，這會帶給我們快樂的感覺，這也是為什麼無論學習、聊天、玩遊戲，只要投入任何一件事就會讓人感到快樂的原因。相反地，專注度如果較低，那就完全不會感覺到樂趣。例如：讓一個對棒球一竅不通的人，坐在韓國系列總冠軍戰會場的貴賓席上，那個人也肯定會感到無聊透頂，因為他腦袋裡沒有什

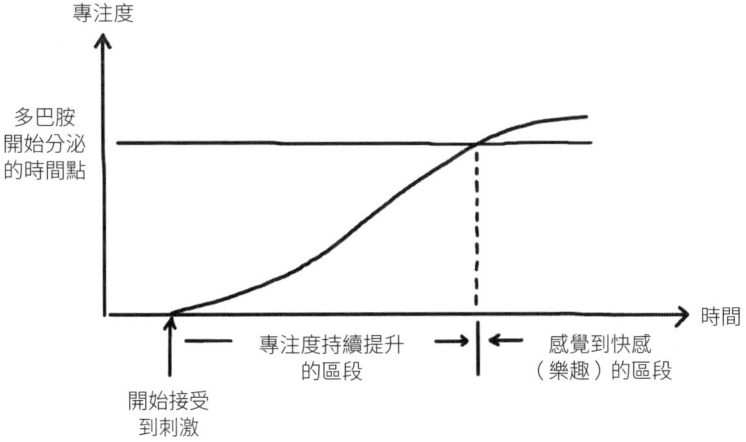

麼與棒球有關的神經元與突觸，所以即使看比賽也無法提升專注度。

現在我們可以理解，為何深度專注是重要的學習原則了。**學習並非原本就很無趣，而是因為不專注於學習所以才感到無趣**。很多國高中生都認為數學是自己的敵人，不過沒有住家、職業，也沒有家人的匈牙利數學家艾狄胥（Paul Erdős），卻一輩子欣喜地沉浸在數學的世界裡。基於同樣的原因，我可以再保證一件事，那就是我的經驗告訴我同樣的事，身邊的朋友也贊同這個結論。

其實擅長讀書的人並不喜歡學習，但至少他們不會覺得學習是件痛苦的事。不是因為他們學的時間比較短所以才這樣，即便是認真、大量學習的人也同樣不認為學習很痛苦，反而是沒有自信、隨便虛應故事的人，才容易覺得學習很痛苦。回想一下前面所說的專注原理，就會知道這是理所當然的事。要認真才能提升專注度，專注才能感覺到快樂，所以專注的人自然能把書讀好。有些人因為討厭打掃而不斷拖延，但在某一瞬間終於妥協，想著「不行了，既然要做就應該盡快做完」，然後開始積極打掃的話，瞬間痛苦的心情便會消失，反而能從打掃中感到樂趣。

如果想把該學的東西學好，而且也希望能快樂學習，那就不要逃避學習，與它正面對決吧！三浦健太郎在全球累積銷售四千萬冊的《烙印勇士》當中，寫了這樣一句台詞：「逃跑後抵達的終點不會是樂園」。既然都要學習，那不如全神貫注地跳入其中還比較好。做好覺悟，現在立刻讓自己的腦中裝滿與學習有關的事，這就是把書讀好的途徑，也是能讓你感到愉快的途徑，從結果來看或許也是最快完成學習的途徑。

給一人學習者的深度專注指南

能刻意讓自己保持專注，是一件很了不起的事。牛頓（Isaac Newton）經常為了研究廢寢忘食，每一餐都讓他的歐姆蛋放到涼掉。人們聽說這件事之後，通常會以為「天才果然就是不一樣」，但那些玩手遊玩到坐過站的人，其實也擁有跟牛頓一樣的大腦結構。只要學會透過簡單的練習，讓自己刻意保持專注的方法之後，那麼大家都能像專注玩遊戲那樣專注學習。現在試想，你能輕鬆學會無論誰叫你都聽不見，專心到連坐過站都渾然不覺的專注方法，那我們還有什麼學不會的嗎？還會需要害怕成績不好、害怕考不上嗎？這就是為什麼「專注」是給一人學習者的第四個學習原則。

一人學習者能透過哪些具體作為，來提升自己的專注度呢？我們可以從米哈里．契克森所歸納的專注條件當中，找到一些線索。了解專注的條件，並將這些條件運用於學習上，那就能夠刻意提高自己的專注度。以下是有效深度專注的原則：

- 刻意提高專注度。
- 不想讀書的時候，就要意識到是專注度下降了。
- 記住，必須盡可能地專注才能有好表現，才能愉快又迅速地完成學習。

我們已經透過專注的條件，了解提升專注度的方法，接下來只要具備這些條件，我們就能獲得深度專注。以下，是進入深度專注的三大條件：

一、明確的目標：從事有明確目標的活動時，就會使人專注。運動、玩電腦遊戲、玩卡牌遊戲等，都是容易專注的經典例子。當目標與規則越明確，就不需煩惱必須要做什麼，可以專注在自己的每一個行為上。

二、快速的回饋：能越快獲得自己表現是否良好的回饋，就越容易進入專注的狀態。玩遊戲時，我們可以知道自己每一瞬間的動作是否成功、是否抵禦敵人的攻擊、是否獲得額外的分數、炸彈是否落在對的地方等，不到一秒鐘就能得到回饋。換言之，當回饋來得越快速，我們就越無法短暫地將視線移開。

三、課題難易度與實力的平衡：當我們獲得不會太簡單，但也不會太困難的課題，並且為了該課題傾注全力時，就會造成深度專注的現象。試著想像一下籃球比賽，如果是大人跟小

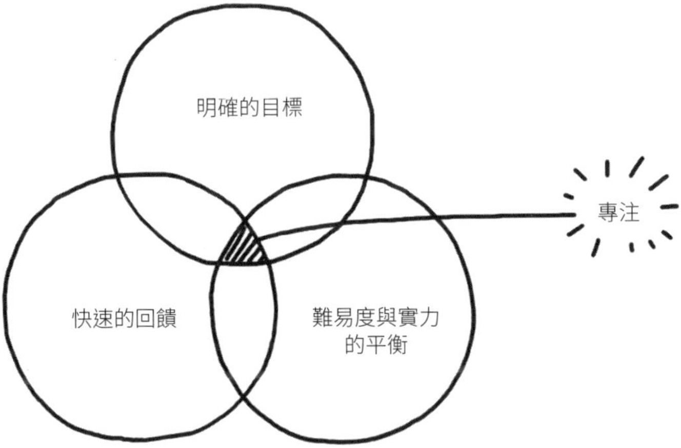

學生比，那肯定很平淡、很無趣。反之，如果是和國手比賽，也會因為不是對方的對手而令比賽非常無聊。唯有與旗鼓相當的對手展開拉鋸戰，我們才會緊張地捏把冷汗。

上述三點就是深度專注的條件，而專注學習就是在具備這三項條件之下學習的意思，反過來說，隨意學習則是不在乎自己是否符合這些條件的意思。就是這麼簡單的差異造就學習量的差異，也造就了成績高低與是否合格的差異。幸好具備這三個條件的要領，只需要一點點的練習而已。以下將介紹自己一個人學習時，要如何運用三個專注條件的方法：

一、如何建立明確的目標？

開始學習之前，必須建立明確的目標。這裡的目標不是長期目標（例如「自我實現」）或短期目標（例如「考試合格」），而是「在這段時間裡要做什麼」的超短期目標。目標必須明確到有如針的尖端一樣銳利，才可以稱做是符合專注條件的明確目標。使目標明確的方法如下：

• 從長期目標出發，反過來建立超短期目標的方法：

—在紙上寫下自己要在十年內實現的遠大目標。

—寫下若要達成該目標，一年後自己必須實現什麼。

—寫下若要達成一年後的目標，一個月後自己必須實現什麼。

—寫下若要達成一個月後的目標，一週後自己必須實現什麼。

—寫下若要達成一週後的目標，今天自己必須實現什麼。

—寫下若要達成今天的目標，自己必須在一小時內實現什麼。

這樣就結束了，一小時內必須達成的，就是超短期目標。

• 用 SMART 目標設定法建立超短期目標的方法：接著是如何運用 SMART 目標設定法，建立我們當下必須立刻完成的超小目標。例如「看著用手冊做成的單字本（現實的），在地鐵從新林站移動到江南站的時候（達成時間），背下（可達成的）十五個（可測量的）單字（具體的）」。

• 配合學習目標建立超短期目標的方法：前面兩個方法都把重點擺在時間限制上，而這一個方法則著重在學習內容上。在閱讀教科書的每一章之前，都要先問問自己「在這章當中我必須了解什麼」，然後再開始閱讀學習。其實學習時，很多人都不會看章節標題就直接開始讀本文，這就有如放著魚網不用，打算徒手抓魚的人一樣。先看標題，然後讓自己意識到問題之後，再進入本文才對。所謂的意識到問題，指得是本章在說些什麼、必須找些什麼、會有哪些內容登場等。這樣一來，就能透過每個章節的標題建立學習目標，而那也就是超短期目標。

二、快速獲得回饋的方法

學習過程中，我們必須快速獲得回饋。運動選手可以即時獲得教練的回饋，但學習時卻不太可能做到這一點。老師的稱讚或考試成績單等，或許能帶來較高強度的回饋，但與快速相距甚遠。自己一個人學習時該怎麼做，才能盡快獲得回饋呢？有兩個方法：

- **寫習作**：習作是非常好的回饋工具。讀完一章之後立即拿出習作來，練習與該章相關的問題。這時比起複雜的應用問題，《數學公式》這一類習作中出現的範例題或是類似題型等簡單的問題會比較合適。挑選以確認內容為重點，且能平均複習到所有內容的習作。我在讀背科的時候，就會以讀完課本的一章後，立刻去寫習題等與該章節有關的內容為原則進行學習安排。

- **讀完立刻闔上書確認**：學完一章之後把書闔上，或用手遮住課文的內容，確認剛才學的內容是否完全進入腦海中。可以試著把內容寫在紙上，也可以在腦中回想，或是假裝在對別人解釋一樣用嘴巴說出來。如果成功了，那就表示你做得很好，如果失敗了，那就表示還有待加強。

三、讓課題難易度與實力達到平衡的方法

學習內容的難易度若無法與實力平衡，就可能因為太簡單而感到無聊，或因為太難而失去動力。當你讀書讀到覺得專注力下降時，就應該暫停一下，重新找回平衡感。就像行進中的汽車出現任何異常，就會停在路肩做檢查一樣。因為實力不會輕易改變，所以解決方法只有兩個：降低或提高難度。

• **降低課題難度的方法**：只要向下調整目標，或是將課題拆解開來就好。首先，向下調整目標的例子如下：降低英語會話班的等級，或是減少一個小時內必須讀完的頁數。拆解課題的範例如下：我大學時曾經參加研究國際法的聚會入會考，考試問題是必須閱讀提到國家間紛爭實例的英文原文書，並且提出相關的解決之道，考試時間是一整天。這個難度超出我的預期，當時我實在手足無措，有好一段時間什麼都不能做，只能在原地狂冒冷汗。那時不管怎麼讀，都無法理解書上究竟在說什麼內容。接著我突然想，就從我可以做到的事情開始好了。於是我先不去管法理上的探討與導出解決方案，決定開始一行一行把英文內容翻譯成韓文，這樣要做的事情才會變少，而那一瞬間也會突然感覺到樂趣；這就是我的親身經驗。

• **調高課題難度的方法**：有一個能套用在任何課題上的萬用方法，那就是施加時間限制。即便是像個位數加法這種超簡單的問題，只要加上時間限制就會變得非常困難。我入伍後待在論山訓練所的那段時間，便親身體會到整理內衣跟襪子也可以變得非常困難。某天晚上的點名時間，一位非常嚴格的助教，要生活館內的所有人把自己置物櫃抽屜裡的東西全部倒出來，並要求大家在一分鐘內整理好內衣跟襪子。如果一分鐘內做不完，就會再把抽屜裡的東西倒出來重新整理，直到能在一分鐘內完成為止。那時光是整理內衣跟襪子，就讓大家汗如雨下。

四、專注對一人學習者尤為重要的原因

就像前面我們提到的「重複」一樣，「專注」也是對一人學習者非常有利的學習原則。

自己一個人學習時，更容易專注，也更容易針對學習方法進行細微調整。把目標整理得更加明確、闔上書確認自己是否已經理解內容，配合自己的程度調整難易度等，都是獨自完成的工作。而且和其他人在一起的話便會在意對方，變得很難全心專注在學習上。學習不能虛應故事，應該刻意讓自己提高專注度，那才是把書讀好的途徑，同時也是最快速的捷徑。

善用「零碎時間」兼顧玩樂、睡眠和學習

一天雖然只有二十四小時，但我們能提高二十四小時內的時間密度，而這正是給一人學習者的第五個學習原則——「零碎時間」。**利用零碎時間學習，其實是一種想法的轉變**。學習不是非得在教室或讀書室這種適當的環境中進行，而是隨時隨地都能做的一件事。

試著回想一下，小學時我們曾經把一天的生活作息計畫分配在一個圓裡。先決定好吃飯時間、洗澡時間、上下學時間等行程後，剩下的部分則填上「學習時間」，當時我們認為這是最好的時間規劃表。不過更好的方法，其實並不是將除去這些事情以外的時間拿來學習，而是把那些時間也用來學習。試著這樣改變想法，就會想到更有創意的方法，讓自己能隨時隨地學習。而實踐這些

的方法，就是「利用零碎時間學習」。

隨時隨地都能做的魔法學習

高一時我曾經讀過一本書，書中蒐集了考進知名大學的人的錄取心得，我記得書中每個人的合格祕訣都有「利用零碎時間」這一項，這讓我感到很驚奇。然而，沒多久後我正式開始準備考試，便能理解為何大家都會在錄取心得裡提到這一點了。利用零碎時間學習不是「最好可以做到」的事，而是「不能不做的事」。高中時，利用零碎時間學習在兩個層面帶給我很大的幫助。

第一，讓我能有充足的睡眠。我其實很愛睡覺，只睡三到四個小時的那種超短睡眠時間，對我來說簡直是天方夜譚，而嘗試當個晨型人清晨起來讀書的方法，也從來沒有成功過，就連高三時也是一樣。我每天都一定要睡滿八小時，如果睡眠不足，隔天就一定會打瞌睡。這麼需要睡眠的我，之所以成績還能夠維持得不錯，就是因為我掌握了利用零碎時間學習的要領。第二，上學時間雖長，但沒有對學習造成影響。我家離學校很遠，小學四年級到高中畢業之前，每天都必須花兩小時上學。不僅要走很多路，甚至還要轉乘公車兩次，不過我都會利用這些時間讀書，或是看一下自己的誤答筆記。多虧了上學時間很長這點，讓我幾乎不曾因為覺得自己學習進度差人一截，或是上學太浪費時間而產生壓力。

愛因斯坦（Albert Einstein）的一個小趣事，可以說是利用零碎時間學習的經典範例。有一次，一位記者跟愛因斯坦相約見面卻遲到了，讓這位國際知名科學家等自己，令記者驚慌失措，沒想到愛因斯坦卻若無其事地對連忙道歉的記者說：「真的沒關係，我身上隨時都有可以拿出來思考的問題。」

創造差異、維持專注的祕訣

為什麼要利用零碎時間學習？不，不利用零碎時間學習就無法成功的原因是什麼？每個一人學習者，都一定要利用零碎時間學習的原因有兩點：

第一，為了創造差異。在電影《魔境夢遊》的續集《魔境夢遊：時光怪客》當中，有一場愛麗絲與紅心皇后聊天的戲。愛麗絲認為無論怎麼跑都停留在原地的情況非常奇怪，而紅心皇后如此回答：「就算費盡所有的力氣奔跑，仍然會停留在原地。如果真的想去某個地方，那就應該跑得比現在快兩倍才對。」

我們的社會充斥著競爭，考試、入學、就業、升遷都是競爭。人們喜歡的選擇有限，但若想擠進那道窄門的人太多，競爭只是必然的結果。當然，有些領域比較重視其他的部分而非競爭，也有些人刻意選擇較不競爭的領域，不過如果你現在想擠進的那道門，恰恰屬於僧多粥少的情況，那你就必須接受競爭的現實。

電影演員丹佐．華盛頓（Denzel Washington）曾在一所大學的畢業賀詞中強調：「懷抱創造差異的熱情（Aspire to make a difference）」。如果我們正奔跑在激烈競爭的賽道上，且希望能獲得理想的結果，那就必須創造差異，必須在自己和一起競爭的人之間創造出差異。但該如何創造差異呢？每個人一天能用於學習的固定時間都差不多，光是在那段時間內認真學習，並不容易創造差異。想要有效的創造差異，那就要利用別人不認為是「學習時間」的時間、被多數人理所當然「捨棄的時間」來學習。這也是為什麼利用零碎時間學習不是選項，而是必要的做法。

第二，為了維持專注度。也就是要讓與提高專注度有關的神經元與突觸，能保持活絡。如果你的注意力被現在所專注的東西以外的事物吸引，專注度便會瞬間下降。就像一邊用電視看悲情的連續劇一邊哭，卻不小心按到遙控器轉到電視購物台，情緒一下都跑掉一樣。同樣地，當你專注於寫作或是解數學題時，突然收到朋友的聯絡，專注度肯定會降低。而重新坐到書桌前想恢復跟剛才一樣的專注狀態時，不僅需要花費時間，更會十分費力。專注度這樣反覆升降，會讓學習非常沒有效率，就像在大隊接力中，每一次要交棒時都必須停下來站好，交好棒之後再重新起跑一樣。

其實，要一整天都維持極高的專注度不中斷，並不是一件容易的事。吃飯、打掃、被別人呼喚，我們的生活中充斥著許多會降低專注度的障礙，但也不能像朝鮮時代為了讀四書五經，便特地躲到山裡去與外界斷絕聯繫。而這個問題的解決方案，就是利用零碎時間學習。當我們利用零碎時間學習，即使中途跑去做其他事，專注度也不會完全降到零。這兩者的差異，就像是在高速公路塞車時完全把車停下來，跟以極為緩慢的速度慢慢前進一樣。如果你聽到必須利用零碎時間學習的建議，卻不滿地想「非得做到這個地步嗎？」那你不如想想看塞車的高速公路上，停滿了熄火的車子是什麼情景。

給一人學習者的零碎時間學習指南

希望大家別把這裡的零碎時間，誤會成是要斷絕所有人際關係、不吃也不梳洗，以不人道的方式學習

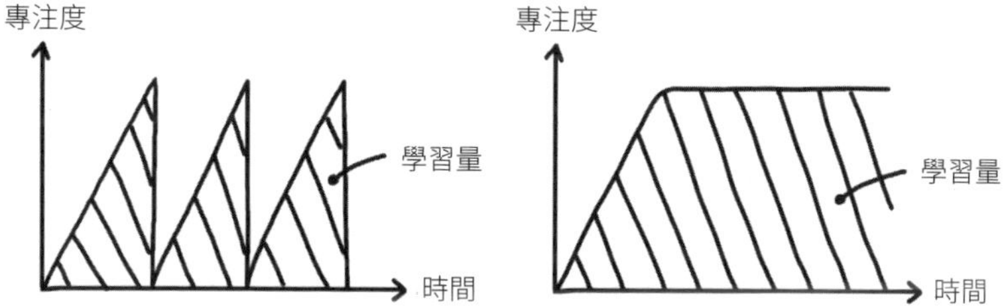

專注度起伏不定，會使得學習缺乏效率

的意思。仔細想想，「利用零碎時間學習」這個給一人學習者的第五項原則，其實是非常棒的祕訣，因為這是能「睡飽、玩得盡興」，同時也能把書讀好的祕訣。以下如何善用零碎時間的原則：

- 思考該如何隨時隨地學習。
- 即使只有一分鐘也要學習。
- 記住，「差異」就是來自利用零碎時間所做的學習。

其實所謂利用零碎時間學習，是「在學習條件不充足時」所做的學習。因此，如果這時使用的方法，跟可以坐在書桌前或時間非常充裕的「學習條件充足時」一樣，那就會令學習變得很沒有效率。例如：搭捷運的時候，當然可以拿出厚厚的主修課本來讀，但一定也有比這更好的方法。利用零碎時間學習的長處，不在「方便閱讀、有系統的」學習，而是「學習環境不佳，但仍不要有空檔」。以下是一人學習者該如何利用零碎時間學習的具體作法：

一、活用手冊

我高中時也經常使用手冊。使用方法如下：無論是英文單字、歷史年代表還是物理公式，將所有不太容易背起來的東西全部寫在手冊上，並隨時把手冊帶在身上一看再看，去廁所時、站著等公車時都不例外。

不需要費盡心思把字寫得很漂亮，當你覺得內容都已經背起來了，就可以毫不猶豫地把手冊丟掉。再次提醒大家，利用零碎時間學習的核心，不在「方便閱讀、有系統的」，而是「學習環境不佳，但仍不要有空檔」，尤其搭捷運或公車時，比起拿出厚重的書本來讀，看手冊會更有效率。

二、活用背誦卡

比手冊更進一步的工具就是背誦卡。將A4紙切成十六等分，就會變成名片般的大小，而這就能製作成非常棒的背誦卡。如果覺得一張一張裁切很麻煩，那我推薦尺寸比較小的「迷你便條紙」。

背誦卡的使用方法很簡單，就是將學習時記不太起來的所有內容寫在背誦卡上。不過有一點需要特別注意，那就是一張卡最好只寫一種資訊。英文單字一張、化學公式一張，或是一張卡只寫「國民的四大義務」這樣簡短的資訊就好。例如：卡片的正面寫「aspire」，背面則寫「渴望」，這樣一張卡就可以當成一個題目。我們可以隨時製作這些背誦卡，有時間就拿幾張出來放在口袋，等你覺得卡上的內容都記住了，就直接把卡片丟掉。

三、活用智慧型手機

近來雖然人手一支智慧型手機，不過幾乎沒有人將智慧型手機好好用於學習。我妹妹讀研究所時幸運地獲得去歐洲交換的機會，但她的英文能力卻有很大的問題。當時她已經快要出發去當交換學生，但英文能力仍然不夠好，差一點就要連課都不能上了。於是我妹妹開始利用零碎時間，拿智慧型手機裡的單字應用程式來學英文，因為坐在書桌前的時間都要讀主修科目，實在沒有多餘的時間可以拿來背單字。

然而，其實我們可以將智慧型手機運用在學習上，因為既然可以用智慧型手機隨時看新聞、隨時玩遊戲、隨時上社群平台，那也就可以用它隨時學習，不是嗎？最後我妹妹也靠著用智慧型手機學英文，順利地完成了到國外交換的學期。

四、多用腦

有時候無法看背誦卡，也無法用智慧型手機，例如：洗澡的時候，或是捷運車廂裡擠滿人的時候。一個人認真學習時，會變得非常在意這些時間，會變成一個目標非常清晰，覺得連這些時間都必須拿來使用的人。在這種什麼都不能看的零碎時間裡，最後的手段就是運用自己的腦袋。

- **反芻學習**：牛有把吃下去的草重新吐出來繼續咀嚼的反芻行為，學習也可以這麼做。把已經放入腦海中的東西拿出來重新回想，就更能留下深刻的印象。比起單方面輸入腦中（Input），拿出來一起練習（Output）的時候，學習效果反而會更大。在什麼都不能做的時候，就試著回想一下自己已經知道的知識吧！可以回想最近背起來的英文單字、自問自答「國民的四大義務為何」等。如果養成自問「我今天學了些什麼」的習慣，那就表示你真的非常了不起。

- **在腦中解題**：這是模仿愛因斯坦的方法。雖然這個方法不適合解方程式等需要代數的問題，或必須要畫線的幾何問題，不過要把包括機率問題在內的許多題目記在腦中，其實並不困難。我以前會把不知道該怎麼解，完全摸不清方向的問題背起來，利用搭公車的時間在腦中做各種猜想。這樣既沒有非解開不可的壓力，甚至有一種在腦中玩遊戲的感覺。
- **創意發想**：我們也可以利用零碎時間做企劃案發想、構思課題的主軸等創意發想。畢竟坐在書桌前面，我們反而更不容易想到新穎的點子。我在我的第一本書《三六五學習維他命》就是這樣寫的。書裡要收錄三百六十五個小故事，所以必須要想出更多的創意才行。所以無論走路、吃飯、喝水，只要有機會我就會構思創意，然後把想到的創意筆記下來，之後再坐下來整理成完整的文字。

以上是一人學習者可以利用零碎時間學習的方法。透過各種範例，說明利用零碎時間學習的方法之後，我歸納的結論如下：「學習是能隨時隨地進行的一件事。因此每一個清醒的時刻，我們都能夠學習。」人生是由時間組成的。實踐利用「零碎時間」這一點，就代表我們能最大限度地利用所擁有的時間，而這也就表示我們盡力地度過我們所擁有的人生。

本章重點

學習始於「運動」

- 我敢斷言，學習始於運動，想把書讀好的人，就必須先從運動開始。擅長學習的人都認為運動很重要，他們不是「兼顧了運動」才成功，而是「因為運動才成功」。
- 美國內珀維爾二〇三學區實施第零節體育課的計畫之後，學生的成績突然開始提升了。調查美國加州上百萬名學生的資料後發現，運動能力出色的學生，成績比運動不出色的學生高上兩倍。
- 運動的人成績變好的原因有三個：
  1. 運動時大腦能獲得更多的氧氣與養分，能讓大腦進入最佳狀態。
  2. 運動時大腦的突觸分泌的神經傳導物質濃度會提高，可以更有效地傳遞資訊。
  3. 運動時神經元會生長，儲存資訊的空間會變多。

運動原則

1. 每天運動。
2. 先運動再學習。
3. 感覺大腦狀況不好時就去運動。

運動指南

1. 只要有可以運動的地方，就要每天去。適當的運動是一種充電。
2. 利用短暫的時間，即使只運動十分鐘也能讓大腦恢復活力。
3. 找機會每次運動五分鐘。在工作、學習的空檔運動一下。
4. 臨時抱佛腳時，運動更是重點，短暫的運動能夠維持專注力。

「目標明確」才能學得徹底

● 要有目標才會成功。一九五三年耶魯大學畢業生中，只有三%的人擁有具體目標，並把目標用文字寫下來。過了二十二年後，那三%畢業生所擁有的財富，比剩餘九十七%的人加總起來還多。

- 從生物學來看，我們的身體只要設定好目標之後，就會盲目地追隨目標，這是一種目標導向機制。
- 只要目標明確，目標導向機制就會啟動，離目標越近心情就會越好（正面的回饋），離目標越遠心情則會越差（負面的回饋）。

目標設定原則

1. 擁有清楚的目標。
2. 反覆回想目標。
3. 目標要明確，學習才會踏實。

目標設定指南

1. 重點是擁有「清晰的」目標，而不是「像樣的」目標。
2. 重複回想目標，就能讓目標更明確清晰。
3. 設定目標的主要方法，有 SMART 目標設定法、BHAG 設定法、超額達成策略、改善策略等。

看似容易的「重複」是高效學習的祕訣

- 艾賓豪斯畫出了遺忘曲線與記憶曲線。根據這兩個理論，我們可以知道遺忘是人人都會發生的現象，但只要重複學習，遺忘現象會逐漸放緩，最後成為長期記憶。所以從生物學的角度來看，重複就是高效學習的解答。

重複原則

1. 重複確認自己知不知道。
2. 放下已經知道的部分，挑選不知道的部分重複學習。
3. 重複到完全了解為止。

重複指南

1. 重複閱讀是最基本的方法。重複閱讀時必須把重複的次數訂多一點，積極挑出不懂的部分重複閱讀。
2. 重複抄寫雖然要花很多時間，但卻非常有效。

3. 學習完後闔上書，確認自己學了什麼的方法，效果顯著又有效率。

進入心流狀態，「深度專注」的方法

- 學習量＝學習時間Ｘ專注度
- 米哈里．契克森將「感覺不到時間的流逝，埋頭專注於特定事物的狀態」稱為「Flow」，也就是所謂的「心流」，深度專注的意思。
- 當刺激進入腦中，神經元與突觸就會變得活絡，專注度也隨之提升。專注度提升到一定程度以上，大腦就會分泌多巴胺讓人感覺到快樂。

專注原則

1. 刻意提升專注度。
2. 意識到若不想學習，其實就是專注力下降了。
3. 必須盡可能地專注才能把書讀好、享受並盡快結束學習的過程。

專注指南

1. 建立明確的目標。

2. 使用解題或闔上書學習等，能盡快獲得回饋的方法。

3. 課題的難度要與能力平衡。設定限制時間是提高難度的最佳方法。

善用「零碎時間」兼顧玩樂、睡眠和學習

- 利用零碎時間學習，其實是源自隨時隨地都能學習的發想。
- 必須利用零碎學習時間的有兩個：

1. 必須這麼做，才能和其他人做出差異。
2. 可以盡量維持專注度，不讓專注度下降。

利用零碎時間學習的原則

1. 思考如何才能隨時隨地學習。
2. 即使只有一分鐘也要學習。
3. 記得差異來自利用零碎時間學習。

利用零碎時間學習的指南

1. 把記不起來的東西都寫在手冊上，經常閱讀手冊。

2. 將A4紙裁切成十六等分，製作背誦卡用於學習。

3. 智慧型手機可以當作零碎時間學習的工具。

4. 手上無法拿任何東西的時候，可以利用回想或在腦中解題、創意發想等方式學習。

第四章

做好生活管理，是邁向成功的捷徑

決勝學習之外的「變數」，方能出類拔萃

前面我們看了許多學習的方法，接著該來了解如何管理自己的生活。人們都認為學習成功與否，全然取決於學習的方法；不過學習之外的「變數」，對成功的影響也不亞於學習方法。

何謂學習之外的變數？就是習慣、飲食、睡眠等生活層面的因素。只要沒有適當的生活條件支撐學習，人就很難確保絕對的學習量，最終導致學習失敗率提高。也因此，每位一人學習者都一定要建立幾項原則，管理生活中的各個層面。

在習慣管理中，我們會了解改掉壞習慣的方法，以及成功養成好習慣的要

領；而在飲食管理當中，我將說明為何飲食管理對學習的人很重要，以及飲食上需要特別注意的具體原則；接著，在睡眠管理中，我將介紹提高睡眠品質，且能調整睡覺時間的導引；在時間管理中，我將提供有效且簡單的單一時間管理方法，同時也帶大家掌握該如何有效分配時間，以應付必須同時學習的多個科目；最後，在規律管理當中，則會介紹培養規律的必要性，以及讓一起學習的人配合自己，培養出最佳規律的方法。

無論在哪一個領域，實力旗鼓相當的人之間之所以能分出成敗，其實都取決於生活管理的成果。無法做好自我管理的人，就絕對不可能成功，一人學習者也一樣。而且新冠疫情爆發後，自己一個人學習的時間變長，我相信每個有自我學習經驗的人，都會同意自我管理絕對會是造成影響的變數。

依循大腦使用手冊
改變「習慣」

俄國文豪杜斯妥也夫斯基（Fyodor Dostoevskii）稱習慣是「讓人類能做到任何事」的優秀工具。一個好的習慣，幾乎能讓所有事情變得可能。養成運動的習慣，人人都能變健康；養成讀英文的習慣，人人都能熟悉英語；養成整理的習慣，人人都能住在乾淨整潔的房子裡。

想擁有這麼了不起的工具，其實不如想像中困難。例如：看到一個每天運動的人，你可能會想「我連堅持一天都有困難，那個人真的很自律」，但事實並非如此。**其實只有剛開始培養習慣的那段時間，需要特別自律**。無論做什麼，只要持續一定的時間，那件事情就會逐漸變成習慣。養成習慣之後，要堅持這件事就會容易許多。多年來一下班就會去健身房運動的我，絕對可以保證這是真的。

如果你有好幾個想培養的習慣，那該怎麼做才好？其實只要一次培養一種習慣就好。我們可以把自己擁有的自律，分別依序投注在不同的目標上。就像負責轉盤子的馬戲團雜耍團員一樣，他們會先轉成功一個盤子，才依序轉接下來的盤子，逐漸增加盤子的數量。因為一旦盤子成功旋轉，只要時不時稍微施一點力，盤子就會繼續轉下去。

給一人學習者的生活管理第一個主題，就是習慣管理；因為所有的生活方式，最後都歸結於習慣，所以學會習慣管理就是生活管理的核心。這裡有兩點非常重要：第一是該如何選擇好習慣，第二是該如何養成那項習慣。習慣優先，**只要養成習慣，接下來習慣就能造就我們的生活，就不需要擔心能否達成目標。**

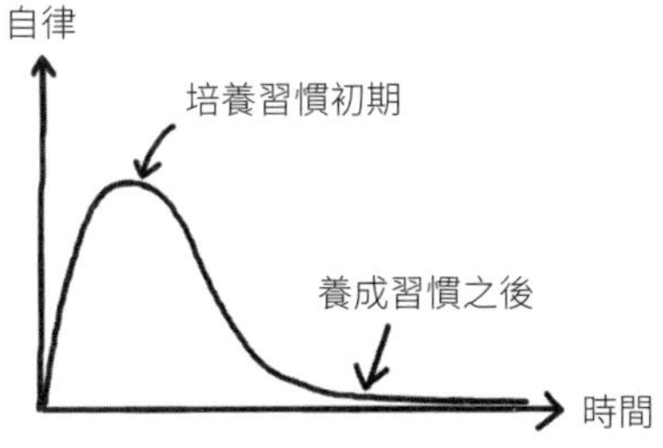

培養習慣時要求的自律程度

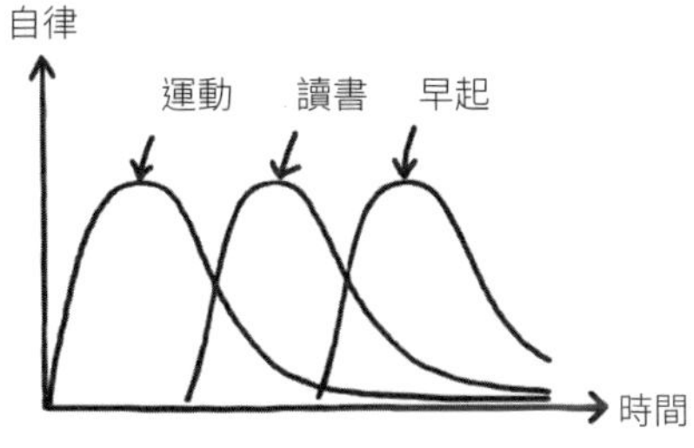

培養多個習慣時，就依序一個個來

知道「不該做什麼」比「該做什麼」重要

要養成好習慣，首先須了解如何挑選好習慣。《從A到A+：企業從優秀到卓越的奧祕》一書的作者詹姆．柯林斯，就曾在學生時期經歷這樣一件事。

柯林斯在路上遇到一位教授，那位教授劈頭跟他說：「你看起來好像生活得很認真，但其實並不腳踏實地。」柯林斯問教授這是什麼意思，教授回答：「人除了決定非做不可的事情之外，決定哪些事情絕對不能做也非常重要。如果現在你繼承了兩百萬美元的遺產，但卻被宣告生命所剩無幾，只能活大約十年左右，你是不是『會放棄做』某些事？」擁有兩百萬美元的遺產，卻只剩十年可活，在這樣的情況下，你會想到自己必須立刻放棄的事情，而那大多都是些沒用的事。瞬間，柯林斯意識到自己只是汲汲營營地追逐著某些東西，並沒有真正腳踏實地的生活，而這個領悟也成了一個契機，促使他專注地去做真正重要的事。

詹姆．柯林斯的小故事告訴我們，一個人要怎麼活這件事非常重要。我們擁有的時間有限，所以在思考「該要做什麼」這個問題時，應該先從思考「不該做什麼」開始。挑選好習慣這件事也必須從相同的觀點出發。

養成好習慣的第一階段，就是戒掉壞習慣；就像如果希望水果籃裡裝滿新鮮水果，首先必須把其中腐壞的水果挑出來一樣，也就是說你必須立刻擬定一份 Not-to-do list，這是一份與 To-do list 相反的清單。如果說類似「運動、學外語、冥想」等目錄是 To-do list，那麼「讀書時不開手機、不坐在沙發上吃零食、不在公車上玩遊戲」等不能做的事，就是 No-to-do list。而一人學習者建立 No-to-do list 的三階段如下：

一、具體記錄一天的行程

被稱為管理學之父的彼得．杜拉克（Peter Drucke）建議眾多公司的執行長，要一一記錄自己一天裡都做了些什麼。同時他也說，只要持續記錄一個星期，就會有驚人的發現。因為各公司的執行長們認為的「我是這樣度過我的每一天」，與實際上使用時間的方式截然不同。一人學習者也應該聽從彼得．杜拉克的建議，仔細記錄自己如何度過每一天。為此，不妨參考完以下的範例紀錄，不需要一星期，只需要一天就夠了，試著記錄自己一天吧！

- 八點三十分　移動（在公車內上網）
- 九點十二分　抵達讀書室
- 九點十五分　開始讀書
- 十點二十三分　上廁所
- 十點四十分　上視訊課
- 十點五十八分　講電話（朋友〇〇）
- 十一點十分　上視訊課

二、觀察紀錄，確認不必要的時間花費

實際記錄之後，多數人都會大吃一驚。第一是因為學習時間並不如想像中的長，第二則是因為浪費掉的時間比想像中還多。即便是會把「今天一整天都在讀書」當口頭禪掛在嘴上的人，實際上用於學習的時間也不如他所想的那

麼多。為此，**觀察紀錄，篩選出用心讀書的時間，那才是「真正的」學習時間**。「我認為的」學習時間和「真正的」學習時間差異越大，問題就越大。就像水管某個看不見的部分漏水一樣，我們必須觀察自己的紀錄，列出不必要的行為、統計自己不假思索浪費掉的時間有多少，思考有沒有能一口氣處理這些問題，藉以提高學習效率的方法。

三、以「不必要的行為」為基礎建立規則

確認哪些是非必要的行為之後，並為此建立規則，規則越具體越好，例如「在公車內不上網、讀書時把手機電源關掉」等，這些規則就是 Not-to-do list。接著就看著這張 Not-to-do list，思考自己在那些時間可以做什麼事來取代不必要的事。例如：Not-to-do list 上寫著「吃完晚餐後不要坐到電視前」，那就改成「吃完晚餐後在家門口散步二十分鐘」。平時想做，但因為沒有時間而無法做的 To-do list，在這時候就能派上用場。將 Not-to-do list 上的行為更換成 To-do list，就是讓「減一」變成「加一」，反而更讓人滿足。

以上是建立 Not-to-do list 的三階段。如果你覺得這樣照做很麻煩，那也可以簡化成以下這樣：

（一）用碼表測量一天學習的時間，僅確認「真正」用於學習的時間。

（二）思考哪些是不必要的行為，讓「真正的」學習時間與自己「預期的」學習時間出現落差。

（三）以此為基礎建立 Not-to-do list。

重複「小小的舉動」就能養成習慣

光是遵守 Not-to-do list，習慣管理就可以說成功一半了。接著我們要更進一步討論 To-do list，也就是討論養成好習慣的方法。只要按照大腦運作的方式進行，我們就可以成功的改變習慣。臨床心理學家羅伯・茂爾（Robert Maurer）在著作《涓滴改善富創巨大成就》（*One Small Step Can Change Your Life*）當中，提到養成好習慣的要領就是「重複一些很簡單的行為」。

從腦科學的角度來看，養成習慣就代表熟悉某個動作的意思，而熟悉一個動作，則表示與該動作有關的神經元，被厚厚的髓磷脂包覆。因為髓磷脂會在重複準確的訊號時，一點一點變厚。從結論來看，當有精準重複的訊號流過神經元時，就能養成習慣。

問題是在培養新習慣的時候，與其相反的既有習慣會產生反抗。例如：雖然決定成為晨型人，但鬧鐘響的時候都會想再睡五分鐘，這就是一種「既有習慣的抵抗」。這裡所說的既有習慣，同樣也是包覆著神經元的髓磷脂，只是該神經元無法對我們要達成的目標帶來什麼幫助。所以如果要依照大腦的運作方式，來說明改掉壞習慣、養成好習慣這件事，就是避免包覆現有神經元的厚實髓磷脂影響（抵抗），讓新神經元外的薄髓磷脂逐漸增厚。

要能同時達到前面兩個目標的要領，就是「重複極為簡單的行為」。因為「非常簡單的行為」不僅不會引起現有神經元的抵抗，更能藉由「重複」，讓新神經元的髓磷脂變厚。以下是重複簡單行為的要領：

一、戒急用忍

首先，我們必須放下希望立即見效的貪念。重複極為簡單的行為，對非常著急的人來說是個有些令人煩躁的方法，他們會不滿地想「用這種方式到底何時才能看見效果？」當然，我們的確也能立刻徹底改變自己的習慣，就好像有些老菸槍可以在一夕之間成功戒菸一樣。

然而若為了立竿見影，則需要極為強大的自制力，如此會使現有的神經元產生強力的抵抗，我們很可能無法堅持到新神經元的髓磷脂變厚。這也是為什麼高強度的瘦身、斯巴達式的暑假計畫等，很容易三天打魚兩天曬網的原因。

二、建立簡單的行為

將想要養成的習慣拆解開來，分為幾個極為簡單的行為。這一項要領的核心，在於將這個行為拆解成幾個小部分。如果小到讓人覺得可笑，那就表示你成功了。非做到這個程度不可，是因為這樣才能完全避免既有的習慣做出抵抗。例如：

想養成的習慣	極簡單的行為
每天寫日記	每天寫一句話
每天學西班牙文	每天背一個西班牙文單字
每天運動	每天穿上運動鞋站在玄關門前一分鐘

三、重複極簡單的行為

重複極簡單的行為，其重點是在「重複」，因此，一天只做一次也沒關係，或一星期只在特定的日子做一次也可以，但絕對不能不做。因為這樣會使「不必特別去做也沒關係」的訊號流過神經元，進而使髓磷脂的形成產生混亂。**如果在必須做這件事時仍感到抗拒，那就表示你還沒把這個行為拆解到最小，為此就必須把行為拆解得更小一點並從頭開始。**例如：若連穿上運動鞋站在玄關門前一分鐘都嫌煩，就乾脆改成用手抓著襪子（不需要穿）站著一分鐘。

四、增加極為簡單的行為

為什麼一點一點增加那些重複的行為，這麼重要？因為發出「精準訊號」的重複行為，執行起來會越來越輕鬆。如果你做這個行為時，有至少一個星期以上沒有感到抗拒，那就可以繼續往下個階段進行了。

每年都名列諾貝爾文學獎有力候選人的村上春樹，也是用這種方式寫作。他說，在不想寫東西時仍然坐到書桌前面，是一件非常重要的事情。即使不拿筆也沒關係，只要坐在那裡就好。當這種簡單的行為成功之後，接著就會開始想寫點什麼了。這告訴我們，村上春樹同樣也是藉著「重複極為簡單的行為」，來讓自己每天都能持續寫作。

以上是藉由「重複極為簡單的行為」改變習慣的方法。對自己一個人學習的人來說，習慣管理尤為重要。**因為獨處的時間越長，生活就越容易變得沒有規律，而使生活失去規律的，其實就是不必要的行為。**以「鄉村醫師」為筆名的朴慶哲醫師，在《自我革命》一書中提到：「『沒時間』這句話，其實就是抱著一堆美好卻沒用的東西但不肯放棄的意思。拋下那些不必要的事物，用必要的事物填補其空缺的過程，就是自我管理的起點。」

建立 Not-to-do list，改掉不必要的行為，並用 To-do list 來填補那些時間吧！能依照自己的理想培養習慣的人，就能創造出理想的人生，因為人生就是由點滴習慣所累積而成的。

按時吃飯且八分飽，才能學的好

我的一位學長現在是律師，他在準備律師考試時，曾經說過「我最羨慕健康的人，我願意坐任何事，只要不生病。讀書這件事就會成功。」他的腸胃本來就不太好，考生的生活讓他壓力很大，連飯都沒辦法好好吃。也因為他身體不好，所以吃了很多苦頭，生病一次就浪費掉好幾天的時間。他又不是在玩，而且學習的意志力也很堅強，卻因為健康問題而無法專注學習，真是很可惜。

如果有人現在在想「飲食跟學習有什麼關係」的話，那你真的很幸運。要不是還年輕，就是體質很好，沒有機會發現飲食管理的重要性，所以才會有這種想法。

事實上，善於飲食管理的人，就能把書讀好。在本文中，我們會介紹為何對一人學習者來說飲食管理很重要，以及該怎麼吃才能對學習帶來幫助。

飲食管理的重要性

成均館是朝鮮時代的最高教育機關，以現代的體制來看就是國立大學。朝鮮時代的科舉考試分為小科與大科，只要通過第一次的小科，就能獲得進入成均館就讀的資格；就像是參加完大學入學考試進入大學一樣。不過成均館打分數的方式很有趣，學生們會拿到內審分數，這項分數要好，參加真正能考取公務員的大科才會比較有利，所以對學生來說這項分數非常重要。

那麼朝鮮時代最高教育機關都是怎麼打分數的呢？意外的是，這項成績的高低取決於學生是否參與用餐。

成均館每天會提供早、晚兩餐，這兩餐都必須出席，才能拿到一分的內審分。如果內審分數達到三百分，就可以不受限制地參加每三年舉辦一次的定期科舉，以及隨時舉辦的特別科舉考試。

其實早晚兩餐都在學校餐廳吃並不是件容易的事。仔細想想，大學生如果想在學生餐廳吃早餐，那必須要很勤勞，晚上的酒聚也必須要節制。克服眾多困難在學生餐廳吃早餐的人，可以一早就開始學生生活，當然也能把書讀好。高中時有位老師曾說，他大一時，有同學刻意一星期每天都把第一節排滿了課，是為了每天早早開始學習生活，於是用這種方式鞭策自己。那位朋友四年都這麼做，而他也如願在大學四年期間都名列第一。

每天晚餐都在學校餐廳吃飯，同樣也是件了不起的事。因為不想讀書，或是想喝酒的時候也必須要忍耐，一直在圖書館待到晚上才行，而能做到這一點，就能確保一定的學習分量。我大學時有個總會到圖書館報到的後輩，雖然他沒有超早到校、超晚離開，但每天都很規律地在早上七點四十分到圖書館，晚上九點離開，讓人印象非常深，也因為這種做法確保了他的學習分量，他只花兩年半的時間，就「如預期地」通過了司法考試。

考試村也有不少這類飲食管理的故事，當地流傳「在考試餐廳買月票，一天不漏地去用餐就一定會考上」的說法。司法考試生常去的考試餐廳，通常都是每餐買餐券去吃，但也會販售一整個月每餐都能去吃的「月票」。直接買月票雖然比單張餐券便宜，但實際買了月票的人，幾乎沒有人能真正吃滿九十次。因為睡懶覺、有酒聚、低潮期等，各式各樣的原因都會打壞生活節奏。因此「買月票並吃滿一個月」這句話的意思，其實就是生活非常規律的意思，也代表能確保一定的學習分量，證明這個人自制力很好，一定會考上這句話也就有可信度。

因此結論只有一個，按時吃飯的人就能把書讀好。朝鮮時代認為用餐規律者即能充實學業，同時學業成就也較高的觀察，敏銳且正確，這也是為什麼一人學習者需要重視飲食管理的原因。飯不只是飯，飲食管理等同於生活管理。

吃辣為何對學習不好？

現在，讓我們來談談對學習有益的飲食。我並不是要談論食物對身體的好壞，只是想點出一個非常簡單的原則，是每位一人學習者都必須且實踐起來非常容易的原則。那就是：「學習者應吃得單純，應吃得適量。」

所謂單純的飲食是指不過辣、過鹹、過甜，而是較為清淡的食物，可以想成是簡樸的家常菜。韓醫學上有一句話叫「藥食同源」，意思是說飲食與藥的根本相同。只不過食物中性質較為單純，適合每一個人的就稱為食，而性質較為強烈，會對身體造成較大影響的則稱為藥。例如：人蔘、蜈蚣、鹿茸等傳統韓藥材通常稱為生藥，是將可吃的天然食材直接（生的）晾乾、切開、磨成粉做為藥使用。從食藥同源的觀點來看，飲食確實也是一種藥。現在不是也有很多人為了健康而把發芽米、洋蔥、昆布、蒜頭當藥吃嗎？學習的人在吃東西的時候，當然也要當成是在吃藥一樣注意。

此外，單純的飲食能穩定身心，因為食物進入嘴裡之後，就會成為身體的一部分。學習時身心都必須平靜、安定，太過浮躁、太過低落都不好。俗話說「學者要像灶上的貓」、「做學問必須像懷抱雞蛋那般小心」，兩句話都是在強調身心必須冷靜、不受動搖。相反地，不單純的飲食就會使人燥熱、讓氣過於躁動，使身心無法維持平衡，而其中太辣的食物對學習的人尤其不好。

當前社會上吹起一股嗜辣風潮，甚至有人稱這種嗜辣是一種「獵奇」行為，使得許多餐廳紛紛推出辣到不像話的食物。這種餐廳之所以受到歡迎，是因為辣本身會使人上癮，就像酒會想喝了再喝、一但開始抽菸就很難戒一樣，辣也會使人上癮，所以會令人想一再嘗試。

另外，辣也具有讓身體的氣往外發散的性質，所以吃辣會躁熱、流汗，而這種能讓人感到爽快的性質，也是被壓力較大的現代人所看重的部分。問題是透過這種方式發散的氣，其實是我們必須用於工作或學習的能量。吃很多辣並大量流汗之後，人會變得昏沉且沒有精神。

幾年前，我曾經因為身體狀況整體不佳而去看韓醫，醫生曾建議我少吃加了辣椒粉的辣食。或許是因為當時我因為過勞，整具身體空空如也，所以不能吃這種散氣的食物。

事實上，吃適量的散氣食物可以紓解（累積的）壓力，但反之吃過量，就會排出（匯集的）精力，對身體一點都不好。於是，醫生要我乾脆戒掉紅色的食物，所以我大概有三個月連泡菜都不碰，後來才找回健康。其實辣椒粉是壬辰倭亂時由倭軍傳入的，當時他們將辣椒粉做化學武器使用而非用於飲食當中，倭軍會燃燒辣椒粉以讓煙霧飄入敵陣。朝鮮時代的實學家李睟光在《芝峰類說》中，如此形容辣椒：「南蠻椒（辣椒的別名）為毒草。於酒館與燒酒一同出售，不少人因吃了它而喪命。」

想一想有重要考試的日子吧！是不是連便當的小菜都會特別用心呢？便當裡應該大多都是好消化的小菜吧？這表示大家都知道，為了維持平靜的心情跟最佳狀態，飲食扮演著非常重要的角色，而一人學習者平時就要盡可能吃這些食物。泰陵選手村（譯註：韓國的國訓中心）的國家代表選手們，可不是只有在比賽當天才做飲食管理啊，不是嗎？

學習的人為何應該吃得適量？

這裡的適量，是指不能暴飲暴食或過食的意思。至今為止的相關研究，在以老鼠等各種動物進行的實驗中，都發現到長壽的祕訣就是限制熱量的攝取。

自古以來就有「吃八分飽（腹八分）能長壽」的說法，這些實驗也證實了這句話沒錯。尤其近來有研究結果指出，與人最為相似的動物猿猴，暴飲暴食或過食會使老化的速度加快。用照片記錄同齡的猿猴，也能發現吃得較為節制的猿猴，看起來比盡情吃到飽的猿猴更「娃娃臉」。

雖然無病長壽是大家共同的願望，不過一人學習者之所以要吃得適量還有別的原因，那就是這樣才能把書讀好。為什麼呢？一旦吃太多產生飽足感，就會讓人想躺在床上或坐在沙發上發懶，人人皆是如此。若降伏於這種心情而開始發懶，想學習的心情就會消失，而「明天再開始讀吧！」的致命誘惑便會抬頭。問題是這種誘惑並不是偶爾出現一次而已，是會每天反覆出現，所以一旦陷入這種飽足感、發懶打滾跟「明天再開始」的模式當中，別說是學習了，任何事都做不好。

其實，我比任何人都了解這個問題的重要性，因為我親身經歷過只要好好節制進食，就能對學習帶來莫大幫助這件事。

不久之前，我接到一個邀請我拍三十堂線上課程的提議。那是必須在三個月內完成的案子。

為了錄影，首先必須準備將近三百張A4的內容；當然，這些事情都必須在下班之後，且維持Podcast正常進行的情況下找時間來處理，同時我也不能減少睡眠時間或不去運動。因為減少睡眠時間專注力就會下降，稿子的品質也就會變差，而不去運動就什麼都不能做，所以我選擇省略晚餐，只用水果簡單代替，或是站在飯鍋前面，吃個兩湯匙左右就立刻開始工作。後來怎麼樣了呢？既然沒有飽足感，也就不會想躺著發懶，每晚直到睡前都有好幾個小時的時間可以工作，雖然很餓就是了。不過最後，我也順利地在截稿日期前拍完所有的課程影片。

為什麼吃太飽會不想讀書，吃得適量反而能把書讀好呢？事實上，這是長久以來的進化結果，與我們體內的程式有關。

人體設定為處在危機狀態時，就會喚醒生存的本能。自南方古猿以來，威脅人類生存上百萬年的最大敵人，就是寒冷與飢餓，畢竟當時人類真的會餓死和凍死。然而，也多虧了這些累積上百萬年的資訊，使得我們身體在吃太多、暴飲暴食的時候，就會判斷身體已經脫離危機狀態。於是緊張感與專注度等生存本能便會降低，產生想先休息一下的心情。這也是為什麼學習者應該吃得適量就好的原因。

如果能隨時把書讀好固然很棒，但不幸的是我們的身體沒辦法做到這點，所以我們必須理解身體的運作方式，並聰明地調整它，而調整身體的核心關鍵，就是飲食管理。白手起家備受尊敬的政治人物班傑明・富蘭克林（Benjamin Franklin）在二十二歲時，就以「要當個道德上完美的人」為目標，訂定要遵守的十三項德目並終生奉為圭臬。大家應該要記得，這十三項成為完人的德目當中，第一項就是：「節制，不吃喝到過於飽足。」

良好的睡眠品質，有助強化長期記憶

每一位學習者，幾乎沒有人不為睡眠問題而煩惱。以前是三當四落（譯註：凌晨三點起床讀書的學生會上榜，凌晨四點起床的學生會落榜，意指要夠勤勞的意思。後面的「四當五落」意思相同。）現在是四當五落，上榜與落榜的標準幾乎可以說是靠睡眠時間決定。因此，很多學生和考生都會用冷水洗臉、打自己巴掌等方法來與睏意對抗。

我也是長時間與睏意對抗的人，關於睡眠真的有很多可以說的事情，不過就先不詳述那些對抗的內容，從結論說起：「**不需要強迫、過度減少睡眠**。」

在展開與睡眠有關的科學實驗之前，人們都認為睡眠是無用的東西。所以無論東西方，都有要大家盡可能少睡覺的教導與傳統。舊約聖經「箴言」中有這樣一句話：「不要貪睡，免致貧窮；眼要睜開，你就吃飽。」這就是在警告人們，睡得越多就會越貧窮。被稱為人類歷史上最古老神話的《吉爾伽美什史詩》中，也出現要人們減少睡眠的內容；神對渴望獲得永生祕密的吉爾迦美什說「死亡有如睡眠」，並告訴他說，連續六天七夜不睡就能「願望成真」。

與吉爾伽美什的挑戰類似的修行，現在仍保留在佛教與道教的傳統之中。佛教寺廟的禪房，一年會舉辦兩次一星期不睡覺進行參禪的「勇猛精進」修行，道教則是會在一年六次的庚申日當天不眠不休地祈禱，進行名為六庚申的修行。以《洪吉童傳》（譯註：是朝鮮文學史上較早出現的文人小說，也是朝鮮首部反映農民起義以及首部反映社會改革理想的小說）而聞名的許筠，就曾經在「睡箴」這篇文章中，提到古人對睡眠的看法：

「世人均重視睡眠，
已睡了整夜，白天卻仍午睡。
所謂睡眠，是病痛進入身體的途徑。
人的身體有魂魄二者同時作用，

入睡後魂將離開，魄則在體內繼續運作。這時陰氣較盛，疾病趁虛而入是理所當然之事，故睡眠不宜過多。」

不過隨著科學技術進步，我們開始能精密分析大腦中發生的事情，所以對於睡眠的想法也開始改變。**研究證實，睡眠過程中，大腦會繼續做非常重要的事情，其中最值得關注的部分就是長期記憶的儲存。**

再次重申，所謂學習，是「將外部刺激儲存成為長期記憶」，清醒時外部刺激不斷進入腦中，大腦需要分門別類，決定其中哪些刺激要轉換成為長期記憶。打個比方，聽課時所抄下的大量筆記，分為可以整理進筆記本裡的資訊，以及可以直接丟棄的資訊；大腦就是在睡眠的時候，集中進行這項分類的工作。因此，

（白天）

持續累積外部刺激

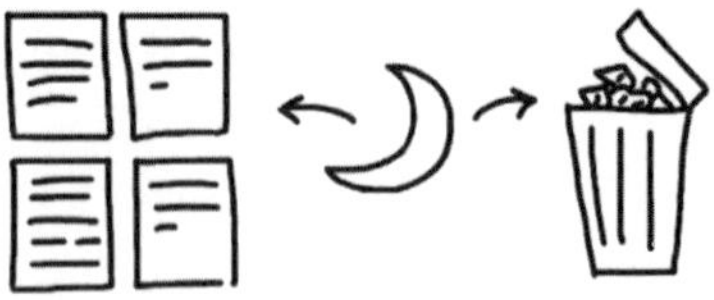

（夜晚）

區分要長期儲存的記憶與要丟棄的記憶

持續維持清醒不睡覺，那些努力放入腦中的東西無法變成長期記憶，只會離開你的腦袋。

事實上，有許多研究結果指出，充分的睡眠與學習能力有關。美國俄亥俄州一所高中就延後學生的上課時間，讓學生多睡一小時再來學校，後來他們發現，這樣反而使學生的學業成績提升。美國明尼蘇達大學曾針對八所高中，約九千名學生為對象，進行上學時間與學業成就的相互關係評價，最後也獲得了相同的結果。相反地，當學生一整夜不睡都在解題時，他們的智力指數會比平常低十三分，也可能在數學考試時出現答對率只剩一半的情況。各位還記得在設定目標篇當中提到的黃農文教授，以及他以全國榜首為目標的兒子嗎？他對兒子強調的原則當中，有一項就是「晚上十二點之前睡覺」。

我們不需要強迫、過度減少睡眠。因為，睡覺的時候能儲存長期記憶，為此，若想把書讀好，就必須有充足的睡眠。只是這裡所謂的充足睡眠，是指「適當的睡眠」。如果在結束適當的睡眠之後，仍繼續在棉被裡翻滾，則不屬於這裡所說的「充分的睡眠」。

獲得良好睡眠品質的三個方法

什麼才算是適當的睡眠呢？雖然無法精準地給出一個數據，但至少是能消除白天累積的疲勞，讓人維持在最佳狀態的程度。不過研究睡眠的學者，都說睡眠的分量其實並不一定與睡眠時間成正比。如同「學習量＝學習時間Ｘ專注度」一樣，睡眠同樣不僅取決於長度，而是看重品質。

我所使用的智慧型手環，有測量睡眠的功能。戴著智慧手環睡覺的話，手環會分析整晚翻身的頻率，利用不同的數據幫助我們掌握前一晚的睡眠狀況。手環會分別顯示睡眠時間、睡眠中翻身的次數、睡眠中醒來的時間等。只要觀察這些數據，就會明白在床上躺到腰痛，並不能稱為是睡了「好」覺。睡眠時間拉長時，翻身的次數與睡眠中醒來的時間也會增加。如果躺超過必要的時間，睡眠的品質也會變差。那麼，該怎麼做才能睡得夠沉，同時又睡得剛剛好呢？我將介紹幾個我認為不會太困難，同時又有效的方法。

一、四小時半睡眠法

這是經營知名睡眠診所的日本睡眠專醫遠藤拓郎所提出的方法。他以研究論文和臨床數據為基礎，提出了這個具可行性的「最低限度睡眠時間」。

「唯一能確定的，就是睡太多並不好，睡得太多反而會使大腦狀態變差。不過只睡三小時也會太過勉強，甚至有罹患失眠的風險。身為睡眠專家，我認為的睡眠時間底線是四小時半。但不是單純地睡四小時半就可以撐過一整天，而是必須在最佳的睡眠環境之下，讓睡眠的品質提升到最高，維持四個半小時的熟睡狀態，才能不受任何阻礙地正常生活。」

除此之外，根據一九七三年美國加州大學進行的一項研究，只要每天確保六小時的睡眠時間，工作的效率就不會大幅衰退。也就是說，只要睡眠時間超過六小時，就不需要擔心「睡眠不足會出事」。另外，一九九三年瑞士蘇黎世大學則以這項研究為基礎，發表更進一步的研究結果。實驗團隊要求原本每天睡八小時的受試者連續四天睡四小時，接著再連續三天睡八小時。在這過程中觀察他們的生長荷爾蒙，發現即使那四天期間睡眠時間比平時少十六小時，但只要有一天睡滿八小時，就能恢復大部分睡眠不足的部分。也就是說，被剝奪的睡眠時間，並不需要靠持續增加睡眠來補足。以這樣的研究結果為基礎，遠藤拓郎醫師建議，忙碌的週一到週五每天睡四小時半，週末則睡七小時半。這裡的四小時半（九十分鐘乘以三）和七小時半（九十分鐘乘以五），是遵照一般人深眠與淺眠這個九十分鐘完整睡眠週期所訂出的標準。

二、九十分鐘週期睡眠法

這是以九十分鐘為週期，讓人搭上睡眠列車的一種方法。法國小說家柏納・韋伯（Bernard Werber）曾在《絕對知識和相對知識的百科全書》

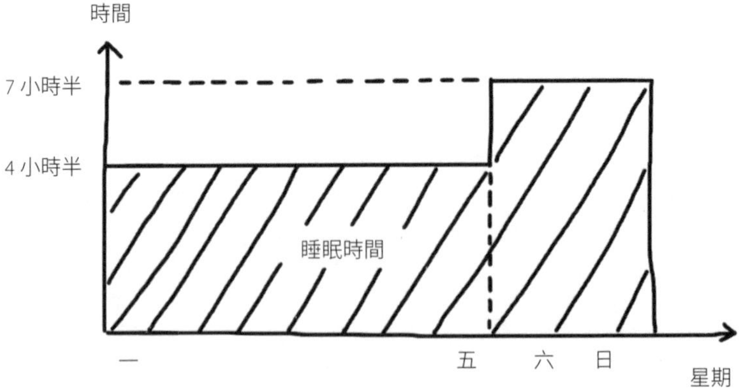

（*L'Encyclopédie du savoir relatif et absolu*）一書中提過這個方法。他認為不僅是我們的睡眠以九十分鐘為間隔，在深眠與淺眠之間反覆交替，傍晚時分突如其來的睏意，同樣也是以九十分鐘為間隔反覆交替出現，就好像每隔九十分鐘便會駛入月台的循環列車。因此，最重要的事情，就是以分鐘為單位記錄自己感覺到睏意的時間。

例如：傍晚六點三十六分左右突然感覺到睏意，那就把這個時間記錄下來，下一次覺得睏的時間就可能是八點六分和九點三十六分。只要等著這台火車進站並立刻上車，就能立刻進入深眠狀態。然後把鬧鐘訂在三個小時之後，配合九十分鐘的週期從睡眠中醒來。重複這樣的練習，我們的大腦就會逐漸壓縮睡眠的階段，並以深眠為主分配睡眠時間，這就是他在書中所強調的觀念。他在《絕對知識和相對知識的百科全書》中也預言「總有一天學校會開始教導我們的孩子，該如何控制睡眠的方法」。

事實上，另一位日本睡眠專家藤本憲幸，在《三小時睡眠法》（3小时短睡眠法）中也建議了相同的方法。書中收錄了幾個藤本憲幸認識的企業家故事，他們一天都只睡三、四個小時，但活力卻相當充沛。他們如此介紹自己的睡眠方式：「我沒有規定自己一定要幾點睡覺。無論是凌晨一點還是兩點，我都會一直工作，直到再也忍不住睡意的時候，再『啪』地倒下睡覺。這樣只要稍微睡一下，醒來就會覺得神清氣爽。」

三、不去思考睡覺的方法

大學時我曾上過佛教哲學課。教授這門課的教授，是一位在冥想與呼吸修行上造詣很深的道人。我當時正在思考有什麼方法能減少睡眠時間，所以曾問這位教授「我想減少睡眠時間，該怎麼做才好？」我想，或許會有一些在道人之間流傳的祕訣，於是便滿懷期待地提問。沒想到面對我「如何減少睡眠時間」的問題，道人只是回答說：「不要去想減少睡眠時間的方法，而是該想想如何讓自己保持多清醒。」

我們常以北極熊的例子來講述「思考的奧祕」。當有人說「別去想北極熊」的時候，人的腦海就會立刻浮現北極熊的樣子，因為大腦無法辨識「No」

這個否定詞。即使想「不想做○○」，大腦仍聽不懂「不想」兩個字，只會記得「○○」，便會讓我們一直往「○○」的方向前進。

跟睡眠有關的建議也是一樣，即使每天晚上都在想「要減少睡眠時間」，但大腦因為聽不懂「要減少」，所以只會一直想著「睡眠」。一直想跟睡眠有關的事，自然就會被睡意侵襲。如果真的想減少睡眠時間，就不該思考減少睡眠時間的方法，而是思考該如何能讓自己多保持清醒才對。看是晚上做伸展、聽喜歡的音樂等，把焦點擺在「清醒」上，這樣醒著的時間就會變長，更能只睡必要的時間，且確保一定的睡眠品質。

以上就是不需要太過勉強，又能有效調整睡眠的方法。

當作考試來嘗試看看，就能配合自己的需求調整睡眠時間，白天也不會感到過於疲憊。誠如中國作家林語堂所說的，我是個認為「躺在床上是人生一大樂事」的人，只是不希望一年三百六十五天都跟睡眠對抗而已，有需要的話隨時都能適當調整睡眠時間。如果要說前面三個方法的共通點，那就是「睡著那一刻的專注度」。很多親身實踐過這些方法的人都表示，可以努力讓自己保持清醒，並在瞬間「啪」睡著的人，早上肯定也能立刻起床。

一人學習者必須睡好覺，而睡好覺是什麼意思？不就是躺下去立刻睡著，早上起來神清氣爽嗎？如果希望睡得剛剛好、希望為了學習睡個好覺，且想要幸福地進入夢鄉的話，那就不要硬逼自己減少睡眠時間，而是要讓自己保持清醒，再讓自己能瞬間入睡，這樣就能讓你立刻進入最高品質的睡眠狀態。

「意志力」與「優先順序」是做好時間管理的核心

班傑明．富蘭克林曾說「如果你愛你的生命，就別浪費時間，因為生命是由時間所構成的」。生命由時間所構成，這對一人學習者來說也絕無例外。學習要有效率這句話的意思，就等同於要有效率地使用學習的時間。然而，即使人人都知道時間有多寶貴，卻很少有人關心時間管理的要領，更沒有什麼人會真正實踐這些要領。

在此，首先我們會探討為何需要時間管理，再介紹一種人人都做得到的時間管理原則。只要花幾天實踐這個簡單的方法，你就能發現自己可以在相同的學習時間內獲得更多收穫。

首先，我們一定要知道時間管理的必要性。一人學習者當中，許多人雖然有認真學習的毅力，卻不曾好好管理自己的時間。理由大致有兩種：**第一是不明白時間管理有多重要，或是即使隱約知道這件事，卻嫌麻煩而不想做**。很多人會抱持著「認真就好啦，何必非得⋯⋯」等虛應故事的想法，不過靠這種只要認真讀書就好的心態還是不夠的。因為我們的大腦跟不上我們的心，意志力是有極限的。

美國史丹佛大學商學院的巴巴・希夫（Baba Shiv）教授，就曾經利用甜蜜巧克力蛋糕研究意志力。他將一百六十五名學生分成兩組，讓一組學生背下兩位數的數字，另一組學生則背下七位數的數字。接著讓學生移動到別的場所，並要求他們在移動的過程中必須持續記住剛才背的數字。學生行經的走廊上，放了很多能讓他們任意取用的點心，點心包括一些很甜但對身體不好的巧克力蛋糕，還有沒那麼甜但對健康有益的新鮮水果，學生只能從中選擇一種。

哪邊會得到較多學生的選擇呢？結果很明顯。記七位數的學生，選擇巧克力蛋糕的數量是記兩位數學生的兩倍。為什麼呢？**人只要面對在認知上稍微困難的事情，換句話說就是處在需要稍微用點腦袋的狀況下，意志力便會在不知**

不覺間大幅下降。

這裡還有另一個例子，是以色列監獄針對假釋做的研究。當還剩下一定刑期的囚犯申請假釋時，會由一群假釋審查官評估能否讓這個人提前回歸社會。他們十個月內審查了一千一百一十二件囚犯申請，審查是以聽取贊成與反對雙方的意見之後，在六分鐘內決定假釋與否的方式決定。審查對象大多是刑期很長的重刑犯，故假釋審查是一件不能馬虎的事。

不過他們觀察到一件有趣的事。假釋官每次審查都會盡力且慎重，在這樣的情況下假釋率應該會維持相同的水準。也就是說，無論審查時間是白天還是晚上，沒有問題的囚犯就應該獲得假釋，有問題的囚犯則必須回到監獄中

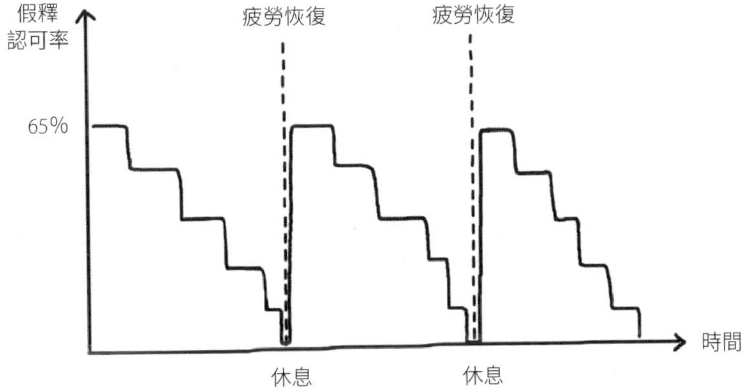

才對，可是結果卻並非如此。審查官狀況較好的早晨，以及在兩次休息之後立即開始的假釋審查庭，其假釋認可率雖達到六十五%，但休息時間之前以及在一天即將結束時開啟的假釋審查庭，認可率卻幾近於零。也就是說，何時接受假釋審查會影響一個人的人生；怎麼會有這種事呢？

從囚犯的立場來看這種極度不公平的模式，若用審查官的意志力問題來解釋，那就說得通了。審查需要高度的專注力和能量，是非常辛苦的精神勞動，因此長時間審查下來，審查官的意志力會消耗殆盡。失去意志力的審查官，無法專注判斷囚犯能否回歸正常社會，處在不知道該怎麼辦才好的呆滯狀態。

仔細想想，不知道該怎麼辦的時候，我們會怎麼做呢？這時我們會選擇「維持現狀」，也就是讓一切不要改變，讓接受假釋審查的囚犯維持現狀，也就是不允許假釋的意思，這也是為什麼在審查官疲憊不堪時進行的審查，認可率會幾近於零的原因。

從上述兩個例子當中能看出，我們的意志力有極限。

早上滿滿的意志力，會隨著時間流逝漸漸減少。如果面對困難的作業或棘手的工作，意志力減少的速度就會加快，就像智慧型手機電池放電的速度一樣。持續使用智慧型手機，電池的電量自然會見底，我們必須考慮電池的殘餘電量，優先處理重要的業務，遊戲或上網等較不重要的事情就必須推遲。

意志力也一樣，有些事情必須在意志力滿載時處理，也有些事情可以在幾乎沒有意志力的時候完成。前者通常是困難且重要的事，後者則大多是不需要花太多精神的簡單工作。因此，如果沒有決定好這兩者的優先順序，就會面臨先處理簡單的事情，卻無法再接著做重要事情的情況。

這就是一人學習者需要時間管理的原因。不過也不用一講到時間管理，就立刻聯想到埋首於工作的工作狂，或是絲毫沒有人情味的企業家。因為時間管理的關鍵，在於配合個人的意志力，決定好多項課題的優先順序。

總的來說，只要是人，意志力就會有極限，所以決定工作的優先順序自然是不可避免的事。無論我們面對的是工作、安排約會行程還是考試，都是相同的道理。

從最重要的事情開始做

然而，一人學習者該如何建立時間管理原則呢？市面上有許多教導時間管理要領的書籍，只要翻過幾本自我提升的書，就能輕鬆蒐集到許多資訊。不過在這裡不會一一提及這些要領，只會介紹一個一人學習者能實踐的簡單原則。

現在讓我們倒轉時間回到一九三〇年代，伯利恆鋼鐵公司的創辦人查爾斯·施瓦布（Charles Schwab），向管理顧問艾維·李（Ivy Lee）尋求意見。「請告訴我如何能在有限的時間內做更多事。如果有方法能做到這一點，我會依照那個方法的效果支付相應的顧問費。」於是艾維·李便拿出一張紙，要查爾斯照著他的話去做。

一、在紙上寫下明天要做的事。

二、依照重要程度為工作編號。

三、明天早上上班之後，從編號一的事情開始做起，那件事結束之前都不碰別的事。

四、工作結束之後再去看接下來的清單，重新排好優先順序之後，再從新的編號一開始做起。

五、不要擔心無法把清單上的事情都做完，反正工作本來就不可能做完。

艾維．李接著說：「就照這個方法試試看，如果覺得有效，再支付相應的顧問費就好。」接下來幾個星期，查爾斯便依照這個方法處理工作，也發現這個方法的確有用，於是他用支票支付了相應的費用。究竟他付了多少錢呢？支票上寫著的金額是兩萬五千美元。這是發生在一九三〇年代的事。

決定事情的優先順序，從最重要的事情做起，是一九三〇年代的人認為價值超過兩萬五千美元的有效方法，這也是我想告訴各位的時間管理原則。非常簡單，不需要複雜的訣竅、不需要特殊工具。

我們要做的每件事，其重要性都各自不同，從最重要的事情開始做，才能創造最好成果。如果把重要的事情擺在一邊，從較不重要的事情開始處理，那就是一種放棄較大獲益，選擇較小獲益的行為。在我們獲取較小收益的時候，意志力會逐漸枯竭，而獲得較多收益的時間也將一去不復返。每天都重複這樣的事情，最後自然不可能獲得好結果。

接著，將詳細說明針對一人學習者的時間管理三步驟：

一、找到意志力最高的時刻

每個人意志力最高時刻，不盡相同。可能對專職考生而言，是剛抵達讀書室的時間，而對上班族來說，則是剛下班的時間。但一般來說，早上展開全新的一天時，是意志力最為充沛的時刻，不過只要稍微注意一下各自的生活節奏，就不難掌握自己意志力充沛的最佳時間點。例如：以我的情況來說，下班運動完後回到家坐到書桌前的那一刻，是我意志力最為充沛的時間。

二、決定優先順序

每個人在決定工作的優先順序時，會以成果的大小為標準進行判斷。例如《成功，從聚焦一件事開始》（*The ONE Thing*）的作者蓋瑞·凱勒（Gary

Keller），就建議人們可以自問「你能做的唯一一件事，藉由做這件事，能讓其他事變得簡單或不必要的那件事是什麼？」藉此找出最重要的那件事情。

其實對學習的人來說，優先順序會有點不一樣。如果依照蓋瑞．凱勒所說的，把要學的東西縮小到「唯一一樣」，那麼就只要學一樣就好。問題在於考生需要同時準備很多科目，即使比重不同，仍然必須每一科都做足準備，這時該怎麼決定優先順序呢？這時只要用兩個標準思考就好。**第一是成果的大小**。例如：對高三理組的學生來說，能創造最大成果的科目就是數學，如果有這種一定要拿到高分的科目，那該科的優先順序就較高。

第二則是課題的難易度。每個人都會有較不拿手的科目，相對地也會覺得該科較為困難。越是覺得困難的科目，就越可能會絆住自己前進的步伐。所以如果有讓你覺得壓力很大、不想讀的科目，那該科的優先順序就較高。如果符合這兩個標準的主要科目當中，有你特別不拿手的科目，那該科就應該排在最優先的位置。因為現在才剛開始讀書，意志力十分充沛，那就應該從那一科開始讀。

此外，如同多個科目中，總會有比較重要的科目一樣，在一個科目當中，同樣會有比較重要的部分。我們也可以用之前介紹過的方法，也就是以成果的大小和課題的難易度，找出較為重要的部分。也就是說，重要但卻讓人感到困難，或是不太想學的部分，那就百分之百是最重要的部分。例如：你現在在準備韓國史能力考試，朝鮮時代末期的幾個事件特別容易搞混，或是你的數學特別差，尤其序列與排列組合實在是搞不清楚，再不然就是憲法這科讓人頭痛，尤其憲法修訂的歷史總是含糊帶過，那這些部分就應該是重中之重。

三、從重要的事情做起

決定好優先順序之後，就該照艾維・李的建議，從編號一的項目開始做起，且直到完成之前，都不去碰其他的部分。當然，編號一的項目通常是「困難科目中的困難部分」，所以我們肯定恨不得避開編號一，先從其他部分做起。不過絕對不能逃避，因為開始讀書的時刻是意志力最充沛的時刻，時間越久意志力就會逐漸薄弱。把編號一的順序往後推，就好像是一個坐在書桌前打瞌睡的人，決定「先躺到床上去，再來想辦法讓自己清醒」一樣。

以上，就是給一人學習者的時間管理核心原則。「學習之前，先決定優先順序，從最重要的事情做起！」拋開「認真讀書就好，何必……」的安逸想法，只要每天都遵守這個原則，你就能在幾天內改頭換面。為什麼？只要思考一下，就會發現這是理所當然的事。**在學新東西的時候實力就會提升，也因此挑選不懂的東西來學，實力就能快速提升**。而從編號一的東西開始學起，代表先學不懂但卻能創造最大成果，而這也意味著正面迎戰能最快提升實力，這樣一來，實力自然會越來越高強。

每個一人學習者都很想知道「該怎麼學習才能最快提升實力」，那就是開始學習之前先決定優先順序，從重要的事情做起。幸好這個答案其實離我們並不遠。

最好的規律管理，造就最好的生活

棒球迷肯定都知道，鈴木一朗是美國職棒大聯盟的傳說打者。在美國職棒大聯盟一百四十年的歷史當中，只有三十人達到三千安打的成就。一九七三年生的鈴木一朗已經四十多歲，但直到二〇一九年仍以現役選手的身分上場比賽；以前他曾在一次訪問當中，提到自己的抱負是「成為即使已經四十歲，仍能跑得像二十五歲的選手」。究竟，鈴木一朗能保持最佳成績，而且還能持續這麼久的原因是什麼？

其實，包括一朗在內的許多人，都在規律中找到了祕訣。

規律（Routine）**是指「依照固定規則做事的順序與方法」**。例如：我們聽從游泳教練的口令，按照相同的順序做準備運動，這就是一種規律。很多運動選手都認為規律非常重要，其中最具代表性的例子就是一朗。不，我們或許可以說一朗遵守的規律，是人類所能做到的極致。因為他的日常生活完全配合棒球規劃，把每一天都過的像同一天一樣。不僅依照相同的順序進行相同的訓練，甚至連續好幾年都只吃披薩當午餐，而且連披薩的種類都一模一樣。在大聯盟出賽的十五個球季，他的體重變化不超過〇．五公斤，這也證明了他過著多麼嚴格的規律生活。

如果你對規律一詞感到很陌生，那也不需要擔心。因為很少人知道規律是什麼，更鮮少有人明白規律有多麼重要。為什麼規律很重要？答案就藏在遵守規律的目的當中。

一人學習者就好比運動選手

我們的狀態經常起伏不定，有時學習非常順利，但也會有完全不想動的時候。如果不想學習的狀態持續好幾天，我們就會將其稱為低潮。學習者總認為，狀況起起伏伏是理所當然的事，不過這真的是正常現象嗎？

頂尖的運動選手可不一樣。他們總是維持在最佳狀態，他們認為那是自己該做的事。因為不懂得調整狀態、比賽狀況起起伏伏，其實就是實力下滑的證據。所以運動選手會創造規律，他們相信只要放入相同的原因，就能產生相同的結果，所以他們總是依照相同的菜單吃飯、用相同的順序進行相同的訓練。大家都希望能藉此創造最佳狀態，發揮最佳實力。

一人學習者也必須這麼做。如同運動選手一樣，學習者每天都要用不成功便成仁的敏銳感受去學習。學習者必須準確判斷自己的狀況，計算出自己今天坐到書桌前，必須創造出相當於幾分的成果。以這樣的領悟為基礎，每天都發揮百分之百的能力，並將這些日子累積起來，就能活出百分之百的人生。

為了創造百分百的每一天，我們需要規律。沒有因就沒有果，起伏的狀態不是理所當然的，有起伏的原因，才有起伏的結果。**只要我們將創造最佳狀態的因素全部蒐集起來，規劃出合適的規律，就能長時間維持最佳的學習效果**。就像一朗面對棒球一樣，我們也能長期持續在學業上取得最佳成績。

創造規律的四階段

那麼，該如何創造規律？在正式開始說明之前，有件事情我要先提醒一下。如果有人覺得「創造規律」這句話壓力很大，那真的不需要太過擔心。原因有二：

第一，規律要多麼嚴格仍然因人而異，當然像一朗那樣的一流運動選手，會非常嚴格地遵守規律就是了。不過他們也花了很多時間，才讓這些規律融入自己的生活。如果抱持著「創造完美的規律，且要從今天開始徹底執行」的野心，那這些想幫助提升學業能力的規律，反而會成為壓力的來源。

第二，即便沒有聽過規律這個詞，但其實人人都有創造規律的經驗。例如：小學時做的暑假生活計畫表、為了減肥而規劃的菜單，都是「為了獲得成果而以固定的順序和方法決定該做的事」。只是我們不明白規律的重要性，所以不會刻意創造、強化規律。

現在，放下壓力，一起來看看創造規律的四階段吧！

一、寫下每日例行待辦事項

試著把每天要做的事，以及自己想做的事情寫在紙上。可以想想我們一直以來強調的「運動」或「設定優先順序的習慣」等。把閱讀這本書的過程中，決定要嘗試看看的事情都寫下來。例如：以現在的我來說，就會寫「運動、錄Podcast、讀書」。

二、創造規律

看著每日例行代辦事項，並思考如何安排最有效率，並以此為依據決定順序與大小。我的情況如下：「下班之後去健身房。在不勉強自己的範圍內決定運動量。回到家之後趁頭腦最清醒時先處理Podcast的事情。感覺到專注力下降時，就像汽車齒輪變速一樣，改成做讀書這件比較不累人的事情，書讀到一半覺得累了就去睡覺。」這樣規劃好，那下班之後我的規律就會是「運動－錄Podcast－讀書－睡覺」。

三、實踐與評價

實踐規律的同時，也要看看有沒有需要修改的地方，這裡的關鍵是「不例外的實踐」。找出適合自己的最佳狀態，並且依照相同的模式重複就是規律，但如果配合心情改變規律，便無法判斷規律的效果，所以至少要維持相同的模式，花一個禮拜的時間實踐規律，觀察哪些地方好、哪些地方有問題。

四、改善規律

以自我評價的內容為基礎，慢慢改善規律。而經由這種方式調整的規律，同樣至少也必須實施一個星期觀察效果，接著再一次進行評價與改善，經過這些步驟創造出最適合自己的規律。例如：我現在有下班之後立刻去健身房運動四十分鐘的規律，這是因為我觀察自己的狀況，發現如果太貪心運動超過一個小時會過於疲勞，導致無法處理其他事情，但運動時間不夠長效果又會太差。還有，是要吃了晚餐才運動，還是要先運動比較好等，針對各種情況做了許多嘗試，最後才找到最適合我的平日規律，那就是「下班後運動四十分鐘」。

管理學家彼得．杜拉克（Peter Drucker）在《杜拉克談高效能的五個習慣》（*The Effective executive*）中曾說「真正運作良好的工廠，工作是單調且安靜的。因為所有人都在最佳的位置，有秩序地做自己該做的事情。相反地，看起來十分忙碌的工廠，其實是個沒有效率且沒有秩序的空間。這就像我們的日常生活，有規律的人知道該以怎樣的順序學習，所以生活自然十分單調。」

如果你在生活管理篇當中，認識到許多能對自己帶來幫助的方法，那就用這些技巧來創造規律。擁有最佳規律的人，就能活出最棒的人生。嘗試創造規律這件事其實一點都不困難，持續改善規律才是困難且重要的部分，因為這樣才能找出最佳規律。

所以對一人學習者來說，創造規律不是可以一步到位的工作，而是必須像一輩子精進技術的藝術家一樣，利用生命中的每一天、利用餘生的所有時間調整，才可以稱為是真正的規律。

本章重點

習慣管理

- 習慣是能讓我們做到任何事的出色工具。幸好培養習慣並不如想像中困難，培養習慣所需的自制力，就是在養成習慣初期專注於培養習慣這件事。
- 如果想培養多個習慣，建議一次培養一個，將我們的自制力，依序投資在不同的目標上就好。
- 戒掉壞習慣（Not-to-do list）的方法：❶具體記錄一天的行程。❷確認不必要的行為。❸以此為基礎訂出應該戒掉的行為規範。
- 培養好習慣（To-do list）的方法：❶將想培養的習慣，拆解成非常瑣碎且不會有抗拒感的行為。❷按部就班地重複該行為。❸逐漸加大這些極微小行為的重複頻率。

飲食管理

- 飲食規律的人就能把書讀好。朝鮮時代的成均館，會以學生是否規律用餐來決定成績。管理好飲食就能管理好生活，管理好生活就能確保學習分量。
- 學習的人必須吃得簡單。如同「藥食同源」這句話，飲食與藥其根本相同。就像在重要考試當天準備的便當一樣，飲食夠清淡，心情才會平靜。
- 太辣的食物會使人體的氣息瞬間向外發散，耗盡所有必須用於學習的能量。
- 學習者應避免暴飲暴食，要求自己吃得適量。因為長時間以來的進化，使得人類在酒足飯飽時就會放鬆、專注力下降，生存本能變差。

睡眠管理

- 不需要強迫自己過度減少睡眠時間。睡眠過程中，大腦會進行儲存長期記憶等重要的活動。許多研究都指出，充足的睡眠與學習能力有正相關。

- 相反地，睡太多也會使大腦的狀態變差。睡眠的量由睡眠的長度和品質決定，因此深入且符合需求的睡眠才是最好的。
- 有效調整睡眠的方法：❶四小時熟睡法：平日一天睡四個半小時，週末睡七個半小時。❷九十分鐘週期睡眠法：配合睏意來臨的九十分鐘規律，立即進入沉睡。❸不思考睡眠法：與其思考如何減少睡眠，不如努力讓自己醒著。

時間管理

- 人的意志力有極限。巴巴．希夫教授利用記數字與點心所進行的實驗，以及以色列監獄假釋系統的研究，讓我們知道人的意志力就像智慧型手機的電池一樣，會在使用的過程中逐漸減少。
- 困難且重要的事，會需要較多的意志力。因此如果不做時間管理，只是埋頭苦幹的話，就有可能無法處理真正重要的事。
- 時間管理原則：❶學習之前，確認自己何時充滿意志力。❷在充滿意志力的時間點，依照成果的大小與課題的難易度，決定學習的優先順序。❸依照優先順序從最重要的事情開始做。

規律管理

- 所謂的規律，是「依照固定規則做事的順序與方法」。最出色的運動選手，總是會努力遵守規律以維持在最佳狀態。
- 創造規律的四個階段：❶將該做的事與想做的事寫下來做成目錄。❷配合目錄決定要做什麼、怎麼做、做多少的規律。❸實踐規律至少一個星期，並觀察效果與問題。❹依照觀察的內容為基礎改善規律，並重複這個過程。

第五章

克服學習瓶頸的「三個為什麼」

光靠努力不夠用，打造強大的心理素質更重要

即便具備大腦、努力、意志、習慣等客觀上能影響學業的其他要素，還是有人在精神上較為脆弱，難以專注學習。對於這種「玻璃心」的人來說，小小的刺激都能隨時讓他們「信心崩潰」。

雖然理性上知道不能這樣，但由於信心是一種心理和情緒問題，因此，只有「努力」是沒有用的；同時，在這個新冠肺炎這類大危機顛覆整個社會的時代，如何維持心理健康顯得更為重要。不安、擔憂，甚至是被稱為「新冠憂鬱」的憂鬱症，讓我們有多麼無法專注學習，是大家共同的體驗。

心理素質脆弱就無法持續學習，在考試這種重要時刻更無法完全發揮自己

的實力，自信崩潰所造成的損失非同小可。相反地，心理素質強大的人，則更能在危機等決定性瞬間嶄露頭角。也因此一人學習者一定要熟悉情緒管理的方法，懂得如何安撫自己的心。

這裡我將點出三個一人學習者最常遇見的「信心崩潰」狀況。這三個時刻分別是當產生自己似乎做不到的罪惡感時、面對包括低潮在內等不想學習的想法時，以及過於疲憊陷入絕望之中時。

我會揭露每一種狀況造成信心崩潰的原因，並且分享能戰勝這些情況的方法，最後再將這些方法濃縮成關鍵訊息，幫助每個人穩定自己的心。只要像咒語一樣重複這些訊息，就能讓動搖的心更加堅定。

爲什麼會感到挫折？

「每當看見一起學習的其他朋友，總會陷入『我真的能做到嗎？』的挫折感中。其他人比我更會整理筆記、理解能力更好，也更擅長背誦。每次看到他們，我都覺得自己彷彿永遠追趕不上，覺得無論如何努力都沒有用。」

「我經常覺得自己像個傻瓜。這些內容明明都學過了，但下次再翻開書的時候卻經常什麼都不記得。很希望能擁有『讀到這個程度一定沒問題』的自信，卻從來不曾實現，真是不安又茫然。」

學習過程中，我們隨時都會陷入挫折，也幾乎沒有人不會感到挫折。如果你從來不曾感到挫折，那只是你還沒有目標，或是你學的東西比自己的能力簡單許多。挫折感是一人學習者最常經歷的心理問題之一。所謂的挫折感，是會減損人的意志，讓人失去自信的感覺。前面我們說學習的基礎是自我信賴，也就是「我也能做得到」的感覺，而挫折感則是與其恰好相反的感受。因此經常陷入挫折當中的人，無論做再多預習、腦袋再好、上再昂貴的課都沒有用；這也是為什麼我們一定要學會克服挫折的理由。

基本上，讓人感到挫折的情況大致有兩種：**第一是看見比自己更優秀的人**。聽同樣的課、讀同樣的書，卻仍有人理解能力比自己好時，就會拿對方跟自己比較，進而產生「我真的做得到嗎？」的想法，並陷入挫折中。**第二則是要學的東西很多，或是內容太過困難而力不從心時**。花了一整個小時埋頭苦讀仍無法翻頁、明明是幾天前學過的內容，但再次把書打開卻像初次見面那樣一點印象也沒有的時候，就會讓人產生想要放棄的挫折感。

挫折感來自於不切實際的野心

人為什麼會有挫折感？處在前述兩種情況當中時，挫折感的確會「輕易」找上門，但也不是「一定」會來。世上總是有比自己優秀的人，也有明明背過了卻總是想不起來的情況；剛開始學習時，每個人都可能隨時遭遇這些狀況。不過有些人在面臨同樣的狀況，會更容易因為「玻璃心」而感到挫折，但也有些人能以「那也沒辦法啊」的態度一笑置之，繼續埋頭讀書。這兩者的差異究竟在哪？答案就在「野心」，**而挫折感較大的人，其野心通常也比較大**。

野心有兩種，一是想要成就的野心，二是想要輕鬆達成成就的野心。這裡的「輕鬆」，是包括了「比別人更快、不犯任何錯誤、更有效率」等所有心態。想要實現一些東西，且想盡可能快速達成目標，但現實卻力不從心時，就會讓人感到挫折。例如：自己是一台時速只有五十公里的汽車，但卻看著時速一百公里的汽車，希望能在相同時間內行駛相同的距離，這時就會感到挫折。

野心雖然是成功的動力之一，但問題是這種「野心」，在實際上要成就某些事情時，並不會帶來任何幫助。想創造成就的想法固然很棒，有明確的目標意識也非常了不起，挑戰高出個人實力許多的課題更是件很棒的事，不過想「輕鬆」達成這些目標的野心，其實只會帶來挫折。在放棄與振作之間反覆，更只會浪費寶貴的時間，而脆弱的心理狀態，對學習自然也不會有任何幫助。

至於要如何解決學習上的挫折感呢？**首先，我們必須知道，挫折感是來自於野心**。

釋迦牟尼在兩千五百年前，就已經提出八種擺脫心靈痛苦的方法，稱為八正道。八正道當中首屈一指的方法就是正見，也就是「正確的觀察」。正確地觀察到挫折感是源於自己的野心，就是擺脫挫折感的第一階段。

世上總是有比自己更出色的人，也會有超出自己能力範圍的課題。如果想和對方獲得相同的成果、想要順利解開力所不能及的問題，那就必須付出「更多的努力」。沒有付出相應的努力，卻想輕易獲得成就的野心，便會催生出挫折感。釋迦牟尼告訴我們，正視痛苦，痛苦就會消失。了解到挫折感是源自野心，並明白此刻要做的事就是傾注更多努力之後，挫折感便會應聲消失。

其次，必須放下野心。如果說，你的野心是想花較少的力氣獲得較多的成果，那就應該下定決心反其道而行：我們需要「多付出一點努力，只獲得一點點也沒關係。花多點時間學習，慢一點獲得成就也好。別人都完成了，我最後完成也沒關係。」。如此下定決心之後，當看見較為出色的朋友、發現自己仍有許多不足，也就不會造成任何問題，而不懂的東西只需要一再閱讀就好。

當我們放下這種想走快一點、想輕鬆抵達終點的野心之後，實際上就能更快達到更高的目標。

例如：假設現在跟朋友一起聽同樣一堂課，自己盡全力學習，但後來聊天時才發現自己無法理解的部分，其他人都輕鬆掌握其中的奧妙。這時，很多人都會挫折地想：「看來是我比較笨」、「我好像無法跟他競爭」。

為了逃離這種挫折感，首先應該想的是「原來我只想付出一點努力就獲得更多東西」、「一人學習時間較少的我、累積學習分量較少的我，會比不上其他人也是正常的，沒必要平白讓自己心情不好」，進而領悟到自己感到挫折是因為野心，接著再堅定自己「既然有因就一定有果，雖然比別人差，但要付出比別人多好幾倍的努力」的心態，就能讓挫折感立刻被沖刷乾淨。

戰勝挫折感的咒語

話雖如此，陷入挫折感當中的人，鮮少有人抱持著「要比別人更努力好幾倍的覺悟」。而日本數學家廣中平祐曾在《學問的發現》（直譯，学問の発見）中提過同樣的事情。

他就讀於滿是數學天才的哈佛大學，自然經常親身體會到自己的不足，於是他乾脆放棄要比別人更快的想法，而是以「比別人多花兩倍的時間」為個人努力的信念拋開野心，傾注更多努力以填補自己實力的不足，最後使得廣中平祐榮獲數學界國際級權威費爾茲獎，成為國際知名的數學泰斗。

我同樣也是透過親身經歷，了解到必須放下野心才能做得更好的道理。

我持續寫了好多年的部落格、經營 Podcast 頻道，至今累積的散文有兩百多篇，上傳的節目共有三百多集。如果我抱持著想以些許努力換取更多成果的野心，或焦急算計著想獲得些成果的話，那就不可能在沒有特別規劃的情況下，持續長時間寫作、經營頻道。因為沒有可見的成果，所以很容易感到挫折。不過因為我抱持著「多努力一點，少獲得一些也沒關係。花多一點時間學習，慢一點成就也沒關係。」的心態，所以才能在沒有什麼煩惱的情況下持續努力，因而能全面訓練學習、寫作、思考、說話的能力。

對我而言，每次遭遇挫折感的時候，我都會唸這句咒語：「**人百己千，別人做一百次，我就做一千次。**」為什麼會用這句話鼓勵自己呢？是因為我一位朋友的關係。

一直以來我都有一個習慣，就是只要去朋友家，都一定會先去看他的書架。因為這樣能知道他在看什麼書、關心哪些事情。大學二年級時我去朋友的租屋處玩，我把視線轉向書架，發現上面貼著一張紙，紙上頭寫著「人百己千，別人做一百次，我就做一千次」。那位朋友是個很踏實、很仔細的人，幾乎不會與挫折感、信心崩潰等詞有所牽連，總是安靜地讀自己的書。他拋開輕易獲得成功的野心，抱著要比別人多努力十倍的覺悟，才能這麼自然地擺出這副姿態。

人百己千。那位不在乎比別人多努力十倍的朋友，二十四歲便通過司法考試，也是我們這群人之中最早通過的一位。每當看見比自己優秀的朋友時、每當發現自己能力不足時、每當感覺「我真的做得到嗎？」的挫折感時，就試著對自己唸這句咒語吧：「人百己千，別人做一百次，我就做一千次。」

爲什麼會不想學習？

「這幾天只要把書放下休息，就會越來越不想坐回書桌前。這時該怎麼辦？請告訴我能克服低潮的方法。」

「明知道該讀書，可是只要想到讀書，就不知道為什麼會變得很不情願。開始讀書之前會開電視、玩手機、看漫畫，浪費一大堆時間後才坐到書桌前，但開始讀書之後又非常專心，彷彿剛才不曾分心一樣，每次總是起頭最難。」

「每到考試期間，我就會很不想讀書。要讀的量很多，時間又很緊迫，盡早開始當然比較有利，但我總是會浪費掉好幾天的時間，死到臨頭了才開始專心，接著就會開始可惜之前浪費掉的那幾天。我很後悔，也覺得下次考試一定要認真一點，但每次都還是重複相同的行為模式。有沒有從一開始就能專注的方法呢？」

由此可見，還有比不想學習更折磨學習者的事情嗎？

說穿了，**每一個學習的人，都是忍耐著不想學習的心情在學習的，只不過這種感覺有輕重之分罷了**。以前在法界服務的前輩曾經到學校來，舉辦過學習方法專題講座。現場有一位擔任法官的知名前輩，他的主題是「克服低潮的方法」，講座開頭他就說「有在學習的各位都很清楚，低潮不是每隔兩、三個月才來一次，而是每天會來好幾次，這才叫做低潮。」這番話令教室內的所有學生拍掌大笑。每個人隨時都有不想學習的心情，即便成績非常好的人也一樣。所以，也不需要因此立刻反省自己哪裡不好、是不是有什麼嚴重的問題。因為，最大的問題其實是如何一邊處理那種心情，一邊讀書。

為什麼會不想學習？為什麼到了規定的時間，就無法立刻坐在位置上開始讀書，總會想要逃避書本？為什麼到了考試期間，要做的事情越多就越不想讀書？以及，到底為什麼好不容易坐下來讀書了，才終於發現原本抗拒不已的書本其實還滿值得一讀？

事實上，我們可以用腦科學的方法，來解答這些疑問。

開始學習之後，大腦會逐漸提高專注度。例如：假設現在我們打開數學課本解題，與該問題有關的神經元就會有電子訊號流過，神經元之間連接的突觸也會開始活絡；即使問題很困難也不放棄，會持續跟問題纏鬥。同時，隨著腦內活躍的區域越來越多，若用核磁共振拍下這個過程，就會發現大腦中花花綠綠的面積越來越大。專注度若像這樣持續升高，到了一個程度後，就會有好幾個神經元連結在一起，分泌出讓我們感到愉快的神經傳導物質，其中的代表就是多巴胺。到了這個時候，大腦的運作會變得很快，不僅能快速解開問題，也會感覺到學習的樂趣。

然而，當中最大的問題，是提升專注度的

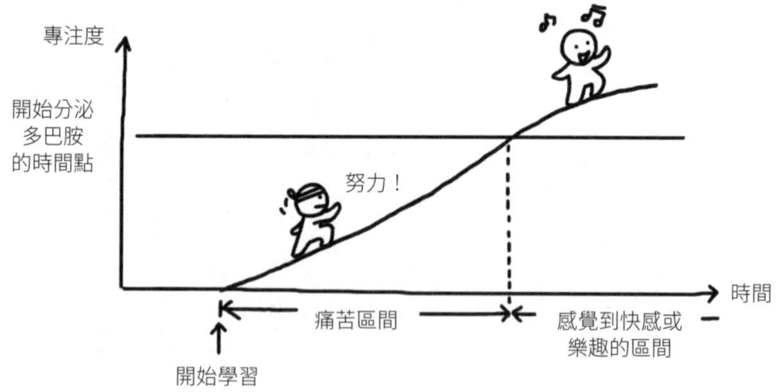

過程。要不斷提高專注度，是一個非常痛苦的過程，而且專注度在達到某個程度之前，大腦是不會分泌多巴胺的。就好像必須經過難走的登山路，才能抵達開闊的稜線一樣，正是這個部分讓人感到不想學習。在經歷低潮的那幾天會不想學習，或是到了考試期間必須臨時抱佛腳，但卻特別沒有動力，也是類似的原理。因為這兩者都是難以攀登的傾斜上坡路。

如何戰勝不想學習的心？

首先，我們可以了解提升專注度的原理，並且運用幾個要領來提升專注度。了解原理之後，即使稍有不情願，也會更容易開始學習，因為我們知道在專注度上來之前，只需要稍微忍耐一下就好。

我們需要先坐到書桌前，持續將與學習有關的刺激輸入大腦，直到不願學習的心情離開之前，都要持續喚醒神經元並提升專注度。

以下是幾個能幫助減輕痛苦，又能提升專注度的要領：

一、發出聲音來讀書

雖然記不太清楚確切的內容，但我記得小學時曾經讀過一本叫做《把書讀好的方法》的書。書中提到發出聲音來讀課本，就會讓人變得非常想要學習。我覺得很神奇，於是就照著書上說的做，沒想到真的有效。現在回想起來，那應該就是提升專注度的方法。

二、使用聲音或影像檔案學習

比起只用視覺閱讀文字，這種方法會同時動用到視覺、聽覺等多種感官。不想學習時，光是輕鬆地聽上課檔案，就能讓人產生想學習的欲望。

三、與人分享學習內容或進行討論

很多企業都會在星期一早上開會，這是為了提升整個團體在週末期間降低的工作專注度。大學的時候，圖書館附近也會有一群一群的學生，在用餐時間結束後一起散步、聊天。如果不想學習，那就以學習為主題試著跟身邊的人聊天。「今天我要來讀彈劾判決那部分了」、「SWAT 分析和 3C 分析的差別是什麼？」可以用這種方式輕鬆開啟話題。不過話題不是跟學習有關的閒聊，而是要以學習內容本身為話題，這樣才會有效。

放輕鬆才能走得遠

除此之外，難以提升專注度時，也可以稍微「放輕鬆」一點。很神奇吧？書念不下去的時候，不是更「認真」而是刻意「放輕鬆」，如此就能戰勝不想學習的心。提升專注度非常痛苦，而痛苦程度又與專注度成反比。無論是誰，解不開數學問題的時候都肯定會覺得很煩，或是都曾經歷過繳交作業的期限明明就快到了，卻完全沒有任何進展，令人感到心急如焚。在這種痛苦的時刻，硬逼自己專注固然是一個方法，但一不小心就可能會因為太累而徹底放棄，放棄之後就必須從頭重新開始。為了避免這種風險，確實提升專注度的關鍵要領，就是刻意讓專注度爬升的曲線變得平緩。讓爬升的速度變慢，痛苦就會減輕許多，痛苦減輕許多就能持續，也能使專注度持續提升。

然而，所謂的「放輕鬆」不是說完全不讀書，而是指降低目標的意思。例如：現在是解英文閱讀測驗的時間，但你卻很不想學習，那就把目標改為坐在座位上，讀一段英文文章就好。如果連這樣都受不了，那就改成翻看過去讀過的內容，從頭重新讀過一遍。如果連這樣都嫌煩，那乾脆坐在桌前，在腦中思考現在得進度到哪裡，嘗試降低自己設定的目標門檻。這樣持續降低目標門檻，「不想讀書」的抗拒感就會在某一瞬間消失。

事實上，我在寫作時也經常使用類似的方法。不想寫作時，就會用「多寫一段吧，不，多寫一句

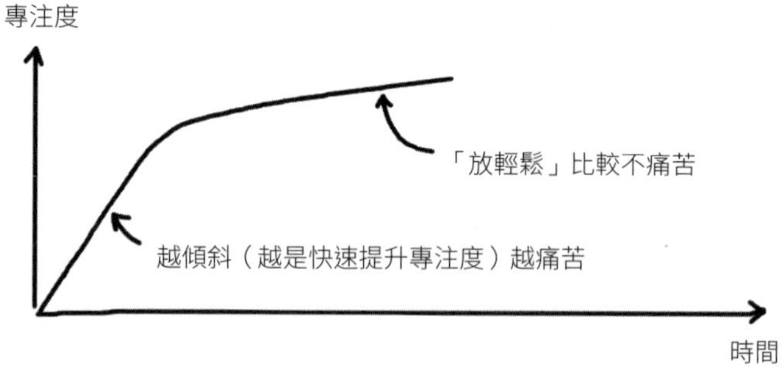

就好」的方式，把目標降低一些。如果連這樣都受不了，就會乾脆把電腦關掉，撒手什麼都不管，只在腦海中構思自己該寫些什麼。如此一來偶爾會再度浮現想寫的動力，反而會主動打開電腦電源呢！因此，不想學習的時候，就試著唸這句咒語：「放輕鬆才能走得遠。」。

每個人都有不想學習的時候，如果把這當成是懶惰、意志力不足，或「還沒有打起精神」的話，只會徒增罪惡感，無法好好解決問題。就像即使有必須登上山頂的理由，登山仍然是件累人的事一樣；同理，即便有學習的理由和目的，學習也並非總是輕鬆的。

為此，**這裡的重點是，懂得如何熟悉撫慰自己不願學習的心情，讓自己在不知不覺間進入學習狀態，而關鍵就在於「放輕鬆」**。只要稍微放輕鬆一點，不要完全放棄學習的想法就好。這樣一來就能提升專注度，也能讓不想學習的心情煙消雲散。剩下的就是時間的問題了。越是著急就越會措手不及，所以不想學習的時候，就應該刻意放慢腳步，放輕鬆才能走得遠。

爲什麼會感到絕望？

「要學的東西實在太多了，每天回家都累個半死，處在什麼都做不了的虛脫狀態。真是沒有信心保證自己能繼續這樣學下去。」

「第一次挑戰考試的時候，下定決心只要讀一年就好，但讀了一點才發現，要讀的東西實在太多了，不僅無法在一年內結束，更擔心自己會不會根本無法擺脫這種生活。」

「我一邊上班一邊找時間讀書。過著下班之後讀書、睡覺，然後又要去上班的生活。我就像個齒輪一樣轉動，每天都過得很緊繃，真的好累。可是不學習似乎就沒有未來，也讓我無法放棄。有沒有能讓自己安心努力的方法呢？」

我們要做的事情太多，所以總覺得一整天非常緊湊。要讀的教科書、要寫的習作、要上的課，塞滿了一人學習者的行程表。而這種日子短則幾個月，長則可能達到數年，甚至可能是無止盡的漫長歲月。要做的事情有如不止息的波浪般不斷拍打上岸；當一件事情看不見盡頭，便會陷入每天都疲憊不堪的絕望當中。

如果要處理的事情真的很多，那當然會很累。沒有適當的休息時間，疲勞便會不斷累積，身體狀況也會變差。如果持續全身痠痛、腰痛難耐，自然會產生「真的能繼續這樣下去嗎？」的想法。不過如果即便面對這些狀況，仍無法不做這些事，那我們究竟該怎麼面對？如果無法乾脆放棄不繼續考試、選擇自主退學、放棄事業與學業並重的話，那又該如何撫慰這種每一天都艱困難耐的感受？

幸好有一個訣竅能幫上忙。我們經常稱我們所居住的世界為苦海，也就是充滿痛苦的大海，而有一個建議就藏在那洶湧的波濤之中。從古至今，洶湧的海浪不斷拍打著岸邊的岩石，也讓古今中外的人們感到絕望。不過有些人成功征服了起伏的浪濤，得到成功征服這一切的訣竅，而後也有許多聰穎的人追隨他們的腳步，把那些要領吸收成為個人的祕訣。過往人們在漫長歲月中，為穿越這片人生苦海所使用的航海技巧，至今仍同樣對我們有用，而那個要領正是「專注於此時此刻」。

專注於此時此刻

首先，我們需要思考一下容易影響我們的錯覺。就像不久前說過的，要做的事情堆積如山非常令人痛苦、肉體上的疲勞不斷累積令人難受、沒有時間從事那些會讓自己開心的休閒生活，也讓人感到難過。不過真正的問題，在於我們大部分的人所承受的痛苦，都超過痛苦的真實總額。**「要做的事很多」這件事，在錯覺作祟之下，放大成為「每件事情都很痛苦」的絕望感，而這樣的錯覺其實是我們的心所編織出來的假象。**

例如：假設現在有個每天要讀書十個小時才能回家的考生。他整天埋頭在一個較困難、難以理解的內容當中，為了補足學習的分量，也無法觀賞他喜歡的電視連續劇，他整個人疲憊不堪，一回到家便倒在床上。一直到這裡都是會真實發生的故事。接著這位躺在地板上的考生，開始在自己的腦中編起故事。「今天真的好累，明天也會這麼累吧？我看這個進度，應該連週末都沒有空。本來想說忍一年認真讀書就好，沒想到會累成這樣。我真的能撐過一年嗎？真的只要一年就能結束這一切嗎？如果落榜了怎麼辦？兩年？三年？我會不會要繼續過這種生活？」他每晚都在腦海中想像這樣的故事情節，而這個不斷重複的負面故事，則把一開始沒有極限的意志力消磨殆盡，使他的學習能力大幅衰退。這位考生腦海中虛構的故事，經歷這樣的過程，逐漸成為在現實中上演的真實。從古至今，許多人都被由自己所編出的故事擊垮、失敗。

為什麼我會說這種故事是「錯覺」呢？因為那個故事離「此時此刻」十分遙遠。

人會使用過去、現在、未來等描述方式，無論過去還是現在，我們都會「誤以為」是「實際存在的時間」，但其實並非如此。**腦中雖有過去的回憶和未來的計劃，但我們能實際經歷的只有現在，我們活在不間斷的「現在—現在—現在」中**。例如：今晚要去吃豪華西式自助餐，你或許會在白天就上網搜尋西式自助餐的照片來看，並對晚餐抱持著期待。不過我們不會因為想到西式自助餐，就能實際品嘗到食物的味道，因為我們無法實際經歷未來。接著試著想像去完自助餐的隔天。你可以回想昨天吃過的食物，跟別人分享那些東西最好吃、甜點如何，但卻無法實際品嘗到食物的味道。頂多只能用「超好吃」、「有點鹹」等形容方式，來回想食物的味道，因為過去也無法實際經歷。

那麼能實際用舌頭品嘗到食物滋味的時刻，會是什麼時候呢？只有「現在」而已，也就是把食物放進嘴裡咀嚼的那一刻。除了現在之外，每一刻都只存在於我們的腦海中。

為此，這位結束一天的學習進度回到家，在腦海裡編故事的考生，其實就像上述的故事一樣。他經歷的「實際痛苦總量」，頂多就是「為了提升專注度而奮力前進的瞬間」所產生的痛苦，以及「肉體的疲勞或腰痛」的痛苦加總而已。可是他卻回想過去的痛苦，並想像未來的痛苦；在這種遺忘「此時此刻」的情況下，他必須背負起由錯覺所創造出的痛苦。透過這種方式所創造出的痛苦總量，可能會變得無限大，因為在想像之中什麼都有。而這也是為什麼人們會對一切感到疲倦、感到絕望的原因。

避免陷入絕望的方法

首先，感到絕望的瞬間，必須區分實際存在的痛苦與大腦創造出的痛苦。

從現在要解的數學問題中感受到的痛苦，是實際存在的痛苦，而腰上隱隱作痛的感覺，也是實際存在的痛苦，這些都是真實。不過，如果混入昨天的痛苦和明天的痛苦，那就是大腦編出來的故事了。我們不該把自己當下腦海中的故事，當成實際發生的問題。越是樂觀的人，就越容易編出比較歡樂的故事，但無論故事結局好不好，所有的故事都只是錯覺。

要記得，無論你在腦海中編了個怎樣的故事，那對學習實際上沒有任何幫助。光是意識到那並非實際存在，而是大腦編出來的故事，就能讓我們不被絕望的波浪席捲。

其次，我想再講一件事，幫助大家了解「此時此刻」的力量。這個故事可以讓我們知道，當一個普通人決定放下過去與未來並專注於現在時，就能做到任何事。

有位日本人在國中入學考試落榜，因為他罹患了結核病，導致出席日數不足。而他的大學考試也不如意，沒考上理想的醫學院，最後只好進入家鄉附近的無名理工大學就讀。他的就業之路同樣也是困難重重，沒有任何一間大企業錄用他，因為他無法與知名大學畢業，擁有優秀學經歷的畢業生競爭，最後他在教授的推薦之下，進入一間鄉下的小公司任職，但真正的挑戰從現在才開始。那間公司虛有其表，是間過一天算一天，面臨破產危機的公司，就連薪水都無法準時發放，要員工「再等幾天」對公司來說是家常便飯。

這間公司給了他一個指令，要他去研究「精密陶瓷」。當時精密陶瓷屬於只要開發成功，就會是極具發展潛力的產業，只是產業仍然面臨幾個問題。當時日本沒有研究成功的前例，而這個人也對精密陶瓷一竅不通，他所工作的研究所更沒有可以用於研究的設施、資金與人力。這是不是會讓人很想嘆氣呢？朋友都大嘆他真的很不走運。有能力的員工一一轉職到其他公司，僅剩無法跳槽的員工繼續上班，讓這間亂成一團的公司更加混亂。當然，這個人也對公司有很多不滿，是個對未來充滿擔憂的普通員工。

每天怨嘆自己苦命的他，有一天突然想：「如果只能做眼前的事情，那是不是專注在眼前的事情會比較好呢？」因為沒有其他的路可走，於是他決定專注於眼前的事。他決定不去思考過去和未來，只專注於現在，只活在當下，而他也真的做到了這一點。他吃睡都待在研究室，並到圖書館借書來學習，還去找美國的論文來自行翻譯、花自己的錢做研究，接著便發生了一件有趣的事。當他回想那一刻時，他說真的就在那一刻之後，人生的結開始一一解開了。「我埋頭工作，竟接連得到連我自己也感到驚訝的實驗結果。與此同時，當時折磨我的『要不要辭職』、『我的未來會怎樣』等懷疑和徬徨，也都瞬間煙消雲散。」

他的名字是稻盛和夫，是日本備受尊崇的三大企業家之一。一九五九年以三百萬日圓的資本創立「京瓷」，後來成長為世界百大企業，一九八四年創立KDDI，並花十年的時間成為日本首屈一指的電信公司。二〇一〇年接手經營破產的日本航空，並只花十三個月的時間就轉虧為盈，是活生生的「經營之神」。過去在痛苦之海中隨波逐流的稻盛和夫，之所以能成為日本備受尊崇的經營之神，都是因為他領悟了「此時此刻」。因此，當感到一切都無比困難時，就對自己念這句咒語：「此時此刻。」

最後，再次重申。學習並非易事，學習會伴隨著痛苦，已有許多研究證實，學習無法如蜂蜜般甜美。不過即便如此，學習也並非我們預期的那般可怕、痛苦。就像滿懷期待前往用餐的餐廳，並不如想像中那般美味一樣。當我們做好覺悟去面對以為會非常痛苦的事，才發現實際上不如想像中那般難受，其痛苦的程度僅僅只是介於我們的期待與痛苦之間。

其實，正是因為我們將實際從學習中感受到的痛苦，與過去和未來的故事混為一談，所以才會看不見痛苦的真實大小。所以，無論我們要做的事情再多，只要專注於此時此刻，我們就不會陷入絕望，並且能把所有事情做完。古往今來，都有許多人藉著「此時此刻」的航海技巧，平安穿越洶湧的大海。

本章重點

感到挫折時

- 挫折感是一種打擊意志，使我們失去自信的感覺。為了讓學習更順利，必須要有「我也做得到」的自信，但挫折卻是與其背道而馳的情緒，所以必須知道該如何克服挫折。
- 人之所以會感到挫折，是因為貪欲。是因為想要成就什麼的野心，以及想輕鬆達成目標的野心。是源自於想要比別人更快、在沒有犯錯的情況下，更有效率地達成目標的野心。
- 如果想克服挫折，那就必須意識到這樣的想法是源自於野心，並且將野心放下。放下野心，就代表放下想比別人更快、更輕鬆達到目標的野心。
- 「人百己千」是指「別人做一百次，那我就做一千次」的意思。只要有比別人更努力的覺悟，挫折感就會消失。

不想學習時

- 不想學習的原因，是由於提升專注度的過程非常痛苦。帶來快感的多巴胺，必須要等專注度提升到一定程度之後才會開始分泌。
- 要克服不想學習的心，就必須了解提升專注度的原理，並且運用提升專注度的要領。像是出聲朗讀書本的內容、聽音檔或看影片，和別人分享與學習內容有關的對話，這樣一來就能提升專注度。
- 難以提升專注度時，「放輕鬆」就是最好的解答。提升專注度是件痛苦的事，那份痛苦與專注度曲線的斜度成正比。讓專注度曲線的攀升速度放緩，就能減輕痛苦，讓自己持續學習直到多巴胺分泌為止。所以放輕鬆才能走得更遠。

感到絕望時

- 要做的事太多，力有未逮時，便容易陷入絕望之中。不過大多數的人所承受的痛苦，都超出實際存在的痛苦總量，那是因為人都會在內心編故事。

- 那個故事是一種錯覺。雖然我們會說過去、現在與未來，但實際上能體驗到的只有現在，也就是「此時此刻」而已。我們自己創造出來的過去與未來，會成為痛苦的重量，加重現在的痛苦。
- 日本經營之神稻盛和夫之所以戰勝了黯淡無光的現實，成為日本備受尊崇的企業家，也是因為他不去思考過去與未來，只專注於現在，專注於眼前的事情。
- 感到絕望時，便要提醒自己專注「此時此刻」，區分清楚實際存在的痛苦與腦中虛構故事所編織的痛苦。

——後記——

學習，改變了我的人生

這是我國小時的事情。級任導師每天都會出聽寫作業，要我們在A3大小的紙上，寫下父母唸出的十個單字，寫好十個單字帶來學校的同學，老師就會發放蓋有「做得真好」章的色紙，集滿五十或一百個章，就能換鉛筆或筆記本等學用品。雖然每天都有聽寫作業，但也有人不會寫作業，所以每個人蒐集印章的速度都不一樣。

某天，我拿著尺在A3紙上畫出聽寫用的十個格子時，突然發現紙上還剩下很多空間，於是我就多畫了十格，那天我也寫了二十個單字。隔天發生一件讓我很開心的事，那就是老師給了我兩個「做得真好」章。

我嚇了一大跳，發現「原來可以拿到兩個章！」於是接下來我畫了兩倍，也就是畫了四十個格子。我一天就完成其他人要花四天才能做完的分量，於是老師就給了我三個章，我非常非常開心。我想應該是我太貪心了，接下來紙上的聽寫格子便一天比一天密集。我到現在還印象深刻，我用一張A3紙最多畫了兩百個聽寫的格子，在一天內完成朋友們要花一個月才做完的分量。

國小時，我原本沒有那麼喜歡聽寫。聽寫考試的時候，通常十個裡面會錯兩、三個。我小時候沒有特別讀韓文學習本，只是成天在巷子裡玩樂，接著上了一年的幼稚園之後就進小學，所以不可能表現得比其他人更好。一方面很羨慕考一百分的人，另一方面也覺得能考一百分很神奇。不過做了比別人多好幾倍的聽寫之後，我開始有點不一樣了，沒過多久之後，我就幾乎不會在聽寫考試時出錯了。

一切都是瞬間發生的事。因為紙上剩下的空間太多，就把十格畫成二十格的瞬間、完成二十題聽寫功課後拿到兩個「做得真好」章的瞬間，我付出了努力，也獲得了相應的回報，這些都是成功的經驗。只要努力就能進步，進步是件有趣的事，這些都是成功的經驗。

如果即使紙上剩下很大的空間，我仍然因為覺得麻煩而只畫十格的話、做完二十格聽寫後，老師仍然只給我一個章的話，老師或許會有極低的可能性問我：「你為什麼要做這麼多餘的事」，那麼我就絕對不可能自己主動完成每天四十題、八十題、兩百題的聽寫，甚至可能不會覺得進步是一件愉快的事，也許也不會寫這本書了。

人生的改變其實就在一瞬間

在這本書中，我介紹了很多如何把書讀好的方法。我們在討論的，其實是讓自己進步的方法。

小學一年級時我所經歷的那些時刻，領悟到進步是件愉快的事的時刻，都是我們能在人生的某個階段遭遇的瞬間。或許我們以前曾經遭遇，也可能是未來即將遭遇的時刻，也可能遇到這本書就是你人生的轉捩點。如果在閱讀本書的時候，你彷彿感覺到什麼，也就是產生自己也能做到的想法、了解到自己錯過什麼、開始想跟著執行某個方法的話，那或許就是你與想進步的心相遇的時刻。而那一瞬間，或許也就是永遠改變我們人生的時刻也說不定。

最後，我要用德國冥想家艾克哈特・托勒（Eckhart Tolle）在《一個新世界：喚醒內在的力量》（*A New Earth: Awakening to Your Life's Purpose*）中說的一段話，來為本書作結：

「如果你無法理解本書內容，或認為本書毫無意義，那表示你尚未有過類似的體驗。但倘若你心中某個部分對這本書的內容有所反應，若你從中發現任何真理，那就表示你已經開始覺醒。對某些人來說，閱讀本書就是覺醒過程的開始。」

附錄

培養子女一人學習的捷徑

在新冠肺炎疫情影響下，視訊授課成為日常生活的一部分；指導孩子在家學習，也成了父母的份內工作。一人學習的方法成了讀書方法的關鍵核心，從學習的觀點來看，這種突發的狀況或許也可以是一個轉機。

無論如何，所有學生開始面臨不得不自己一個人學習的課題。然而。站在父母的立場，要指導子女完成這個課題並不是件容易的事。學生在家的時間一長，父母叨唸的時間也會增加，更突顯了這件事有多麼困難。因此，我特別整理了父母在指導孩子讀書時，必須注意的七個重點。我不會說這份指南能讓父母變得多輕鬆，因為大多都是要求父母以身作則，取代在一旁只出一張嘴。不過即便這麼做看起來很像在繞遠路，但最後回過頭來看，仍會發現依照這些原則反而能更快抵達終點。

一、扮演情緒支持的角色

父母能為孩子扮演的角色當中，最重要的是什麼呢？除了吃、睡之外，父母的首要角色就是情緒支持。所謂的情緒支持，是指相信孩子、為孩子加油、表達對孩子的愛等。你或許會想「為人父母，這不是理所當然的嗎？天底下哪有不這麼做的父母？」不過實際的言行可能與想像有一段差異。

例如：上視訊課的孩子待在家的時間變長了，看見孩子上網上課的狀況之後，就會逐漸注意到他們沒能符合自己期待的模樣。像是不時打瞌睡、開著影片做其他事等，或是，孩子們會在接近上課時間才拖拖拉拉的登入網站，表現出一副愛聽不聽的樣子。

看到這些情況，父母親便會開始擔心，而擔憂將演變成嘮叨，又嘮叨的次數一多，便會讓人感到煩躁且憤怒。很多人甚至會說，很希望孩子乾脆到學校去上課，這樣自己就能不要看見他們那副德性。

當然，身為對孩子有所期待的父母，會因此感到擔憂與煩躁是正常的。不過仔細想想，孩子在上視訊課時打瞌睡、分心，真的是因為沒到學校上課的關係嗎？送孩子去學校或補習班，他們就會像父母親期待的那樣，打起一百二十分的精神上課嗎？不會。通常在家是什麼樣子，在外面就會是什麼樣子。如果沒有內在的動機驅使他們學習，大多數的學生便都是這樣，差別只在於有沒有被父母看見而已。

而當這些擔憂與煩躁脫口而出成為嘮叨，那麼情緒支持這個角色就會徹底消失，父母反而成為「帶來學習壓力的存在」；問題就在這裡，來自學習之外的壓力都會妨礙學習。

假設現在你在廚房裡做菜，放在瓦斯爐旁邊的抹布突然著火了，這時你還能繼續做菜嗎？當然不可能。你會放下手上的所有事情先去救火；我們的大腦也是這樣。

學習就是做菜，火就是壓力，就像我們會停止做菜先去救火一樣，大腦也會停止學習去對抗壓力。人人都有過怒火中燒時，無法好好專注處理手上事務的經驗。當孩子認為嘮叨的父母是壓力來源時，孩子的大腦就會為了滅火而無法思考學習的事，請務必將這點銘記在心。

但也不是要父母完全不要提跟課業有關的事。**提供建議時，應該在充滿愛的情緒下做出建議。情緒不會騙人。**孩子可以直覺地感受到，父母的話是出自擔憂與煩躁的嘮叨，還是基於情緒支持的愛的建言。

如果感覺自己想要發牢騷，那應該先停下來梳理自己的情緒才對。反正發牢騷沒有效果，只是讓抹布著火而已。應該要在自己的心情恢復平靜之後，再和孩子分享真摯的對話。無論重複相同的話十次、二十次，甚或是超過這之上的次數，情緒的支持都絕不能有所動搖。

二、提問引導，幫助子女想像目標

目標導向機制是一種讓我們花費最少的努力，卻能最有效達成目標的內建系統。我們能透過寫下目標、反覆閱讀、想像畫面、早晚堅定決心等多個方法，刺激這個機制更加活躍，並引導自己朝目標邁進。

不過小孩和成人不同，因為他們觀察自我想法的後設認知較不發達，也就較不容易賦予自己動機。如果想意識到「現在我擁有的動機」與「我最好可以擁有的動機」之間的差距，並且藉著不斷提醒自己要達成的目標以縮短此一差距，就會需要一定的後設認知。

這時，父母充滿智慧的協助就能帶來很大的幫助，尤其「提問的力量」非常有效。我們的大腦天生喜歡玩樂，具備玩問答遊戲的結構，這使我們會對沒什麼意義的猜謎遊戲產生興趣，也是為什麼「○○之所以受歡迎的三個原因」這種新聞標題，會比直接把答案寫出來的新聞標題更受歡迎的原因。

那麼具體來說，應該怎麼做呢？**首先，應該完整理解本書所介紹的目標導**

向原理之後，再以此為基礎隨時丟出各式各樣的問題，幫助孩子想像自己的目標。無論目標是什麼都好，孩子的理想職業、希望實現的夢想，如果還沒有這些目標，那也可以用「成為這樣的人應該很不錯吧？」等方式引導他們。

特別要注意的地方是，如果孩子有自己的夢想，那就不能忽視他們的想法，硬是逼迫他們去做父母希望他們從事的職業。此外情緒的作用，會使目標導向機制發揮更大的效果，所以想像目標時，必須要令人感到雀躍、愉快。父母應該仔細觀察孩子對什麼有興趣、在想像怎樣的未來時會感到雀躍，再來決定合適的目標。

決定好目標之後，就可以隨時丟出問題，刺激孩子對目標的想像。例如：孩子想成為機器人科學家，就可以問「今天學的東西會對做機器人有什麼幫助呢？」、「如果能做一台幫忙做菜的機器人，那會是什麼樣子？」、「想成為優秀的機器人科學家，那應該要進哪所大學才好呢？」等與目標相關的問題。

提問能幫助孩子想像，重複想像就能使原本存在於表意識的目標，進一步深化成為潛意識的目標。當目標深化到潛意識之後，孩子就會表現出積極學習的姿態。

三、以「努力」取代「資質」

「天生的資質」近乎於一種神話。如果想要達成的目標，並不是世界級的豐功偉業或足以名留青史的成果，而是獲得好成績或通過特定考試的話，就更是如此。

在學習這件事情上，最重要的是充分的努力與正確的方法，所以不需要考慮是否擁有天生的資質。可惜的是，許多孩子仍根深蒂固地相信「天生的資質」這個觀念，必日下意識地受到這個觀念影響，限縮了自己的可能性。為什麼會這樣？因為父母、老師，甚至是身邊的朋友，都同樣受到「天生的資質」所影響。

被「天生的資質」觀念影響的孩子，在沒有得到理想結果時，就會將原因歸咎於資質不佳，而這也就代表孩子不會付出充分的努力、使用正確的方法來改進自己的缺失。心中已經有了「我認真過了，反正我就是不行」這樣的想法，而這個想法會在我們遭遇較困難的科目，或是遇到想放棄的單元時，毫不猶豫地俯首稱臣。一開始就抱持著自己沒有「數學才能」的想法，那要怎麼有毅力地堅持到最後呢？大家總開玩笑說自己是從小學開始就放棄數學的「數拋人」，但現在放棄數學卻逐漸變成現實，也是源自於認為自己沒有數學才能的想法。

父母應該對孩子強調的不是資質，而是努力。首先，父母應該先導正自己對「天生的資質」的想法。父母不該對孩子使用「因為資質好」或「因為資質不好」，以及「你有○○的資質」等這種方式說話，至少在學習上不該這樣。

看見一個人獲得出色的成果，父母應該關注對方所付出的努力，應該有意識地找出那個人使用超越一般人努力的方式，非常認真地接受訓練，並且將這樣的觀察與孩子分享。透過這樣的觀察，幫助孩子建立「努力＝結果」的觀念，這樣一來也讓孩子認為即使發現自己的不足之處，也可以透過努力克服。

稱讚的方式也一樣重要。父母親必須注意，該稱讚的不是結果或資質，而是稱讚孩子所付出的努力。如果看見孩子花費超過一小時的時間，在解一個非常困難的題目，或是比平時更加認真學習的話，那即使最後沒能答對那個問題或是進度較為緩慢，也應該要稱讚孩子付出的努力。不斷重複這樣的稱讚，就能讓孩子養成努力的習慣，而這也會成為他們持續停留在成長領域的動力。一人學習的關鍵，就是最大限度提升停留在成長領域的時間。

四、培養運動習慣

當我強調想把書讀好，就必須搭配運動時，最常聽到兩個問題。第一是沒有時間運動，第二則是運動完會很累，完全沒辦法學習。

首先，提出第二個問題的人，通常都是下定決心要運動，買了游泳或皮拉提斯等課程，再不然就是久久從事一次踢足球、登山等高強度運動，然後休息很久。這個問題的答案很簡單，就是有運動習慣的人即使做很累的運動，也不會對學習造成什麼影響，但對幾乎不做運動的人來說當然會很累。

定期的運動課程也好、高強度的運動課程也好，如果是為了學習而開始運動，那就應該從十五至二十分鐘的簡單伸展或有氧運動開始，也就是要「做一點點」運動的意思。這點程度的運動不會累、不會影響學習，更能體驗到活絡大腦的效果。

接著來看沒時間運動的問題。會問這個問題的人，大多都是還沒感覺到運動效果的人。這時親身體驗效果是最快的捷徑，而我建議的方法就是做「簡易伸展」。當書讀到一半，覺得專注力下降時，就打開 YouTube 找一些簡易伸展的影片，專心重複五分鐘長的影片兩次，這樣剛好十分鐘，是額頭會稍微流一點汗的程度。接著再坐回書桌前，繼續剛才讀的內容。這樣就會和十分鐘前截然不同，感覺頭腦變得非常清晰，專注度也大幅提升。

若想讓孩子了解運動的效果，父母最好也一起重複這個體驗。方法如下：

孩子在學習時，父母在一旁看書或一起學習。當孩子出現專注力下降的跡象時，就提議「書讀了這麼久，感覺身體好遲鈍喔，要不要一起做伸展？」自然引導孩子運動。做完約十分鐘的伸展之後，再坐回桌前繼續學習，並問問孩子動一動身體之後有什麼感覺、專注力有沒有什麼改變。如果只嘗試一、兩次，沒感覺到運動的效果，那也不要太焦急。就像吃昂貴的補品，身體也不會在一夜之間就變好一樣，但只要持續嘗試，就一定能看到效果。**專注力下降時便簡單運動一下的習慣、透過運動維持最佳狀態的習慣，是一人學習的必備品。**手上沒有運動這把鑰匙的人，在專注力下降時，更容易會轉而跑去玩遊戲、滑社群、看 YouTube，所以運動習慣實在是不可或缺。

五、與孩子一起「玩」出專注力

「嘮叨的父母」和「提供教導的父母」，兩者之間的差異就在於會不會提供合適的方法。指責「你就不能耐心地坐著嗎？」就是嘮叨，告訴孩子如何能在書桌前坐得更久就是指導。為了增加學習分量的絕對值，必須拉長坐在桌前的時間，同時還必須注意不讓專注力下降。**父母可以用類似遊戲的方式，和孩子一起努力。**

首先，看看現在孩子能維持專注力坐在桌前的時間有多長。這是指他們能不分心做別的事、不會坐立難安、不表現出無聊的樣子，只專注在眼前課業的時間。考慮到學校的上課時間，一般都會建議維持四十至五十分鐘，不過以現實情況來說，有許多孩子都無法專注這麼久。但也沒關係，只要能花十分鐘、十五分鐘坐在桌前就不需要太擔心。如果現在維持專注力的水準只有十分鐘，那就從這裡開始。

目標要稍微比現在的水準更高一些。例如：能專注十分鐘的孩子，就將目標訂為十五分鐘。開始學習之後，就將鬧鐘調成十五分鐘，就像運動選手跑步一樣，以玩遊戲的感覺跟孩子約好在鬧鐘響之前，都要專注於學習。這時父母也要在旁邊當陪跑者一起專注，看是讀書或學習都好。過了十五分鐘鬧鐘響起後，要像「一起」盡全力維持專注，在鬧鐘響起的瞬間終於通過終點線一樣，「呼⋯⋯」地大嘆一口氣放鬆緊繃的情緒。接著稍微休息一下，然後再重新開始遊戲，當然休息時最好可以一起做伸展。

這樣多次重覆，熟悉十五分鐘的遊戲之後，就可以將時間延長為二十分鐘，接著依序增加為二十五、三十、三十五分鐘。用這種方式有計畫地訓練專注力，每一小時學習的分量會比漫無目的的學習要多上許多。而且像在玩遊戲一樣跟父母一起學習的時間增加時，孩子也會產生競爭意識，進而促使他們更加專注。不久之後，說不定會是孩子先發現父母親的專注力下降，反過來提醒父母要專心呢！

六、提高對數位裝置的控制力

令父母頭痛的物品當中，最棘手的就是包括智慧型手機在內等數位裝置。每次看到沉迷於遊戲、YouTube 影片，不知不覺浪費掉許多時間的孩子，都會令人生氣。但學校作業、公告事項也必須透過通訊軟體的群組分享，因此從現實層面來看，也不能不買智慧型手機給孩子。數位裝置轉移孩子注意力的程度，甚至比電視等其他物品更為強大，甚至有專家用「拿起智慧型手機的瞬間，一切都完蛋了」這種極端形容，來描述數位裝置的影響。

為什麼呢？是因為帶來快感的神經傳導物質多巴胺。大腦在感應到新東西時也會分泌多巴胺，但熟悉的事物就不會刺激多巴胺分泌。這也是為什麼開始上課的頭五分鐘，大家的眼睛都炯炯有神，但時間一久專注力便會逐漸下降；或是第一次到海外旅遊時會非常興奮，但多次出遊之後感覺便逐漸遲鈍的原因。那麼數位裝置呢？數位裝置會不斷帶來新的刺激，讓人絲毫不感到無聊。所以現在除了以影片為主要內容的 YouTube 之外，提供十五秒短影片的抖音，其用戶也快速成長當中。

問題是，**以這麼短的時間為周期提供刺激，並且熟悉這個模式帶來的多巴胺的人，會失去深入思考的能力**。我們的大腦，會逐漸變成若沒有立即獲得回報（多巴胺），便無法堅持下去的狀態，進而無法專注閱讀、花費時間解困難的數學問題，也就是學習的大腦遭到破壞。

所以我們只能把重點擺在如何將傷害減到最低，並且強化對這些數位裝置的控制力。很多父母都會使用規定遊戲時間等最基礎的方法，不過為了進一步強化控制力，還可以嘗試其他方法。那就是當孩子用安裝有通訊軟體的電腦上課時，應該登出通訊軟體，也就是說盡可能避免被任何通知打斷的情況發生。光是隨時都可能有刺激進來這一點，就會持續用掉大腦一定程度的注意力。就像把電腦程式的視窗隱藏起來，在待機畫面上完全看不見任何作業中的程式，但只要啟動就一樣會占用電腦記憶體一樣。

在已經嚴重依賴數位裝置，難以短暫與其分離的情況下，則建議採行對數位裝置的「暫停練習」。這個練習的重點在於設定五分鐘的鬧鐘，玩遊戲或看YouTube看到一半，若鬧鐘響了就應該立即停下來，並且用書本或是作業等待辦事項取代數位裝置，讓孩子能立刻轉換心態。多次重複這個練習，就能漸漸培養出控制數位裝置的能力。

七、身教重於言教

孩子會模仿自己所看到的。他們不會聽從父母說的話、父母的心、父母的想法，而是會模仿父母的行為。若希望孩子運動，那首先必須成為有運動習慣的父母；若希望孩子心平氣和，那首先必須成為心平氣和的父母。我在講座或諮詢時，經常遇到喜愛讀書、對學習充滿興趣的父母，而他們的子女都十分享受學習。反而是有幾個因為自己讀書讀到太晚，沒能好好照顧身為考生的孩子而感到抱歉的家長，表示孩子靠自己的力量，輕輕鬆鬆就上頂尖大學，這真的令我印象非常深刻。這種例子對整天跟在孩子後面，全神貫注地查找大學入學考試與補習班資訊，但孩子的成績卻不如預期，因而感到難過的父母來說，可以說是非常新鮮的情況。

不過思考一下原理就會發現，這是很正常的事，所以學習其實就是孩子的天性。父母專注於自己的課題，孩子就會模仿並主動學習，不需要叨唸「要用功讀書才能過得幸福」，只需要讓孩子看見自己在學習過程中感到幸福的模樣就好。和有目標、專注、利用零碎時間學習的父母一起生活的孩子，不會模仿自己的父母才是一件奇怪的事吧？

不過這裡的前提是必須要有良好的親子關係。因為覺得跟父母的關係很親近，孩子才會想變得像父母。如果親子關係不佳，孩子就會想反抗父母，並且做

出完全相反的行為。這也是為什麼我會說一人學習指南的第一個要領，就是情緒支持的原因。父母專注於自己的課題時，也要提供孩子完善的情緒支持，這是在學習過程中父母所能做的最重要的事。

希望各位能閱讀這本書，熟悉一人學習的技巧，然後無論學習的課題是什麼都好，父母應該主動先開始學習。成年之後要投資學習，總會讓人稍微感到遲疑，所以比起去上補習班，大多數的人更有可能選擇一人學習，但這反而是好事。就像只有會開車的人才能教別人開車一樣，懂得如何一人學習的父母，才能引導孩子獨自學習。沒有親身體驗過多次重複就一定能熟記、停留在成長領域當中，實力便能快速提升、專注度提升便能感到快樂等情況，要怎麼有自信地教導孩子做這些事呢？這就是在告訴我們身教重於言教的重要性。

總的來說，培養孩子一人學習的捷徑，就是父母主動實踐一人學習。